本书为安徽省教育信息技术研究课题"基于大数据的高中英语阅读教——学—评—体化的行动研究"（立项号为：AH2022039 ）的阶段成果

三新 视域下
高中英语阅读教学设计

李伦军◎著

安徽师范大学出版社
ANHUI NORMAL UNIVERSITY PRESS

·芜湖·

图书在版编目(CIP)数据

"三新"视域下高中英语阅读教学设计 / 李伦军著 . — 芜湖 : 安徽师范大学出版社,
2025.2

ISBN 978-7-5676-6768-6

Ⅰ.①三… Ⅱ.①李… Ⅲ.①英语课—教学设计—高中 Ⅳ.①G633.412

中国国家版本馆CIP数据核字(2024)第098562号

"三新"视域下高中英语阅读教学设计 　　　　　　　　　　　　　　李伦军◎著

SANXIN SHIYU XIA GAOZHONG YINGYU YUEDU JIAOXUE SHEJI

责任编辑:晋雅雯　　　　　　责任校对:陈贻云　江　彬
装帧设计:王晴晴　汤彬彬　　责任印制:桑国磊
出版发行:安徽师范大学出版社
　　　　　芜湖市北京中路2号安徽师范大学赭山校区
网　　址:http://www.ahnupress.com/
发 行 部:0553-3883578　5910327　5910310(传真)
印　　刷:江苏凤凰数码印务有限公司
版　　次:2025年2月第1版
印　　次:2025年2月第1次印刷
规　　格:700 mm × 1000 mm　1/16
印　　张:10.75
字　　数:155千字
书　　号:978-7-5676-6768-6
定　　价:52.00元

凡发现图书有质量问题,请与我社联系(联系电话:0553-5910315)

前　言

当前，新课程、新教材和新高考（以下简称"三新"）改革工作已经全面实施，这也对高中一线英语教师提出了更高的要求和期望。新教材呈现全新的体系架构和教学内容，需要教师在新课程理念的指导下用好新教材，发展学生的英语学科核心素养。新高考聚焦英语基础知识和关键能力的考查，强调教考衔接，不论是全国统一命题，还是分省命题，都将以《高中英语课程标准》和《中国高考评价体系》作为高考试题命制的基本依据和核心指南，发挥高考的积极导向作用，实现从"考知识"向"考能力素养"的转变，以及从"解题"向"解决问题"的转变，助力高中育人方式转变。这就要求高中英语教师依托教学实践绘制"三新"宏伟蓝图，以实现"三新"美好愿景。

阅读教学是高中英语教学的重要组成部分，是学生英语学习的重要语言输入渠道，也是发展英语学科核心素养的重要路径。笔者工作二十余年来，一直致力于高中英语教学实践及高考命题研究工作。"三新"改革工作实施以来，笔者结合教学实践对其展开了深入研究，尤其是针对高中英语阅读的试题教学设计作了详细的分析。笔者以问题为导向，系统地阅读了大量有关阅读教学的文献资料，尤其是"三新"背景下有关教学设计的研究成果，撰写了这本《"三新"视域下高中英语阅读教学设计》，希望能为广大一线高中英语教师提供可以借鉴的英语阅读教学设计和英语阅读教学的方法。

　　全书共由七章组成。第一章聚焦指向英语学科核心素养发展的语篇研读实践，阐释了语篇研读的具体方法。第二章探讨学情分析，就如何在阅读教学的课前、课中和课后三个阶段对学生学习情况进行分析展开讨论。第三章讨论教学目标的制定，挖掘教学目标的内涵，分析教学目标设计中常见的问题，介绍教学目标制定的依据和原则，并且提出了阅读教学目标制定的范式。第四章重点讨论在阅读教学设计中如何践行英语学习活动观，详细介绍学习理解类、应用实践类和迁移创新类等活动的设计方法和策略。第五章探讨阅读教学与文化自信教育，提出英语教学要融入中华优秀传统文化教育以增强高中生的文化自信。第六章是基于高考英语阅读试题的命题研究，从教考衔接的角度提出相关的阅读教学启示并对阅读命题形式作了简要介绍。第七章精选了三个优秀阅读课教学设计案例供读者参考学习。

　　本书紧扣高中英语阅读教学设计的关键环节和要素，力图给一线教师提供教学设计的抓手和范式，从而有效促进高中英语的教和学。笔者在书中参考了很多国内外文献资料，在此，谨对有关作者表示感谢。同时，还要感谢合肥市教育名师工作室高中英语李伦军工作室的核心成员邹筱菡（中国科学技术大学附属中学）、王璐（合肥市第五中学）和方婧雯（合肥市第十一中学）三位老师提供的阅读教学设计案例。

　　鉴于笔者专业水平有限，书中错误和疏漏之处在所难免，敬请读者批评指正，以便再版时修正。

李伦军

合肥市第十一中学

2024 年 3 月 9 日

目　录

第一章　语篇研读

　　语篇是作者传递信息、表达情感、说明意图的载体，而对于语篇信息的准确解读和正确理解是读者和作者跨越时间和空间进行的一种特殊形式的交流。语篇研读是读者对语篇的意义与形式进行深层加工和意义建构的过程，具体包括对语篇的主旨、主要内容、作者意图、写作手法、语言修辞等进行深入分析与解读的过程。①语篇研读是阅读教学的开始，教师对语篇研读的广度和深度决定了教学的高度。《普通高中英语课程标准（2017年版2020年修订）》（以下简称《高中英语课程标准》）首次提出高中英语教学新路径——英语学习活动观，要求教师整合课程内容，优化课堂教学设计，为学生设计有情境、有层次、有实效的英语学习活动。教师对教科书的语篇研读是践行英语学习活动观的前提，是有效设计、实施和评价阅读教学活动的基础，是培育学生英语学科核心素养的有力保障。

一、精准语篇研读的重要性

　　《高中英语课程标准》明确指出，语篇类型是英语课程内容六要素之一，包括口头和书面语篇，以及不同文体形式的语篇，如记叙文、说明

---

　　① 王蔷、钱小芳、周敏：《英语教学中语篇研读的意义与方法》，《外语教育研究前沿》2019年第2期。

文、议论文、应用文、访谈、对话等连续性文本，以及图表、图示、网页、广告、漫画等非连续性文本。学生需要了解和掌握语篇的构成特点、表意手段，并在交际中学会运用语篇知识，即学生需要掌握语篇知识，通过学习实践活动，形成和发展运用语篇知识的能力。因此，《高中英语课程标准》在教学建议中提出"深入研读语篇，把握主题意义、挖掘文化价值、分析文体特征和语言特点及其与主题意义的关联，对教师做好教学设计具有重要意义，是教师落实英语学科核心素养目标、创设合理学习活动的重要前提"。可见，教师一定要对教材语篇进行认真细致地研读。这既是培养学生英语学科核心素养和践行英语学习活动观的前提，也是教师提升自身教学素养的重要途径。

（一）精准语篇研读是发展学生英语学科核心素养的前提

教育部2014年印发的《关于全面深化课程改革落实立德树人根本任务的意见》中，首次提出"核心素养体系"概念，并将其置于深化课程改革、落实立德树人根本任务的首要位置，成为研制学业质量标准、修订课程方案和课程标准的重要依据。构建学生核心素养体系是课程改革进一步发展的关键环节，中小学英语教师要充分发挥英语学科独特的优势，培养学生的语言能力、学习能力、思维品质和文化意识四方面素养，为英语学科建设作出贡献。

作为语言资源，语篇所蕴含的文化内涵、价值取向和思维方式也是通过教学而转化为学生的认知的。语篇教学的过程是教师引领学生探究主题意义的语言学习过程，而语篇研读是教学的逻辑起点。只有经历了充分的语篇研读过程，教师才能设计适切的教学活动，才能帮助学生解码语篇知识、将语篇知识转化为技能，实现核心素养发展。

《高中英语课程标准》自颁行以来，其提出的英语学科核心素养、英语学习活动观、"教—学—评"一致性等课程核心理念成了教学设计和实施的指南针，教师课堂教学方式和学生学习方式也在悄然发生着积极变化。但是，实践中仍有一些教师未能遵循新课标要求展开教学。这些教师主要可以分为以下两类：一是"经验型"教师，即固守个人教学经验，一般不考虑新的课程理念和课程要求，停留在自己的"舒适区"。他们通常关注的是文章的大意，以及语篇所涉及的语言知识，即词汇、短语、句式以及语法项目，对于文本深层意义的探索较少。二是"固化型"教师，他们忽视语篇知识、文体知识、文化知识、学习策略，无论面对什么样的阅读语篇，都按照既定教学模式开展教学，如在读前、读中和读后设计几个选择题或简答题，活动类型比较单一，缺乏层次和深度。他们忽视《高中英语课程标准》提出的在主题意义的引领下依托语篇的教学要求，忽视学生结构化知识的建构，设计的学习活动较碎片化、表层化，不利于学生对语篇深层意义的探究及高阶思维能力的培养。

笔者认为，语篇研读是英语教师专业能力和水平的体现，与教师个人的阅读量、兴趣、知识积累、思维等息息相关，教师需要不断地提升自我，才能更好地解读语篇。

（二）精准语篇研读是制定教学目标，设计、实施和评价教学活动的前提

教学目标的确定基于教师对目标教学语篇的准确理解，这就需要教师开展精准的语篇研读。教师需要对语篇的核心内容、深层内涵、主题意义，或者作者的写作意图、情感态度、价值取向，以及语篇的文体特征、语言特色和语篇知识等方面，进行多角度、多层次的深入探索，并形成结构化知识。在此基础上，教师要结合学情，分析制定合适的教学目标，设计和实施针对性的教学活动。精准的教学目标和有效的教学活动是开展精准评价的保障。语篇研读、教学目标的制定和教学评价三者融为一体，才能真正促进教师的教和学生的学。

（三）精准语篇研读是教学相长的重要途径

语篇研读是教师缜密思考教学目标，精心选择教学内容，慎重选择教学方式和评价方式的基础，是提升教师专业知识和教学素养的重要途

径。"经验型"和"固化型"教师既不重视语篇研读，也缺乏语篇研读的能力，不能给予学生相应的指导，很难在教学中落实《高中英语课程标准》的核心理念和要求。因此，教师要通过研读课标、学习文献资料，了解和掌握语篇研读的途径，丰富自身的专业知识并提升教学素养。教学的一个重要方面就是服务和指导学生学习，教师只有具备了语篇研读的能力，才能通过课堂教学活动的实施，指导学生在学习实践中自主探索语篇研读，掌握语篇知识，发展并提升运用语篇知识进行交际的能力。

总的来说，语篇研读使教学更具指向性，为教学目标的制定、教学活动的设计和实施提供了依据，为培养和发展学生的英语学科核心素养奠定了基础，也有利于促进教师的专业发展。

二、指向英语学科核心素养发展的语篇研读实践

语篇赋予语言学习以主题、情境和内容，并以其特有的内在逻辑结构、文体特征、语言形式，组织和呈现信息，服务于主题意义的表达。因此，深入研读语篇，把握主题意义，挖掘文化价值，分析文体特征和语言特点及其与主题意义的关联，不仅对教师做好教学设计具有重要意义，也是培养学生包括语言能力、学习能力、文化意识和思维品质四个方面的英语学科核心素养的需要。

（一）基于"W-W-H"框架的语篇研读

《高中英语课程标准》建议对语篇的主题、内容、文体结构、语言特点、作者观点等进行深入解读，提出了"W-W-H"语篇研读框架（如图1-1），即从What、Why和How三个方面开展语篇研读。具体来说，就是要梳理、概括和整合语篇的主题和内容，探究语篇的深层含义，即作者或说话人的意图、情感态度或价值取向，提炼主题意义，以及分析语篇的文体特征、内容结构和语言特点。

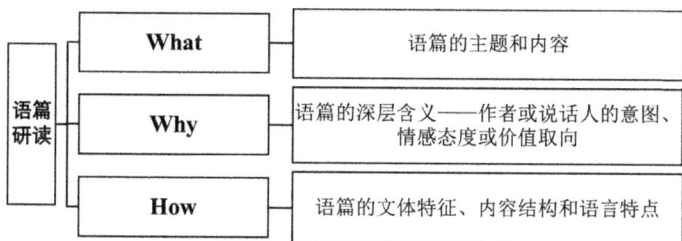

图1-1　语篇研读"W-W-H"框架

进行具体语篇研读时，教师可以通过设计多层次、多角度的问题，形成问题链，引导学生深入研读语篇（如图1-2）。在问题链的引导下，教师运用适合的结构化工具，如图表、思维导图、信息结构图等，来梳理、概括和整合语篇中围绕主题意义的核心信息，提炼主题意义。

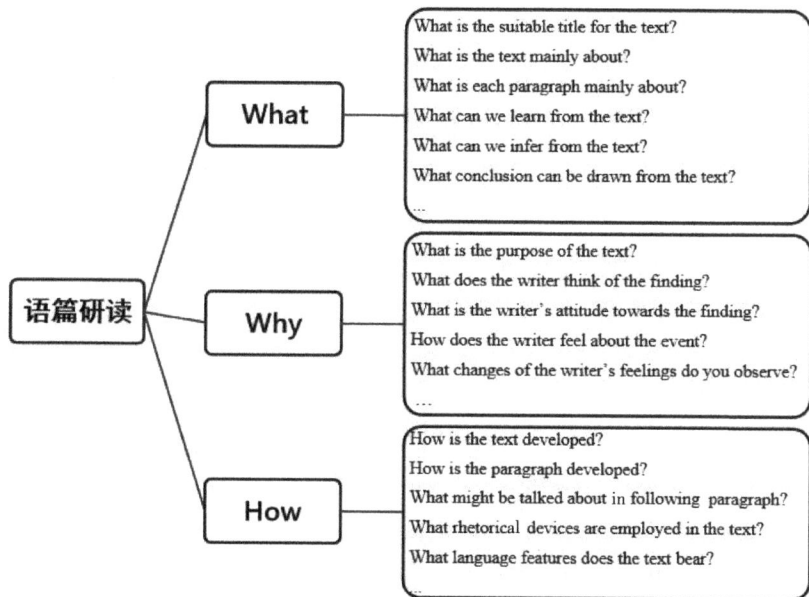

图1-2　语篇研读的问题链设计

下面，我们基于"W-W-H"框架，结合具体的教学案例来探讨语篇研读。

案例1　2019年北师大版高中英语必修一第三单元第一课SPRING FESTIVAL一文。

（1）主题范畴

人与社会

（2）语篇研读

[What]本文由三个不同身份的人物对自己春节经历的叙述以及编辑的两段评注组成。

文章首先由编辑的开场语引入话题。主体部分可分为三个部分。第一部分是外国友人 Tom Jenkins（汤姆·詹金斯）在中国体验春节的叙述。Tom（汤姆）从他的视角出发，介绍了他在中国寄宿家庭与寄宿家庭成员共度春节的所见、所闻和所感。第二部分是一位在外地工作的年轻人 Xu Gang（徐刚）回家过年的经历叙述。Xu Gang 是千千万万离家在外工作，每逢传统节日都奔赴在工作地与家之间的劳动者的一个缩影。他讲述了春节前策划行程，提前订票，为父母挑选心仪的节日礼物；在归家火车上，乡音入耳，他百感交集；到家后，他与父母聊家常、一起吃火锅。对他来说，春节最重要的是回家和家人团聚。第三部分从一位退休祖母 Li Yan（李燕）的视角，讲述了孩子们回家过年的幸福经历。春节前，她就开始忙碌起来，准备采买，期待着孩子们回家过年。孩子们回来后，家里充满欢声笑语，三代同堂的画面体现了春节喜庆和团圆的主题。文章最后，编者指出，尽管年俗不断变化，但是春节的精神内核——家的精神，是永恒不变的。

[Why]本文通过不同人从不同视角讲述自己的经历和感受，用生动形象的描述和细节描写，勾勒出一幅幅春节画卷，唤醒人们对春节的记忆和思考，引起读者共鸣。作者通过不同人物的描述向读者传递的主题意义是：年俗随着时代变迁而变化，但春节的精神内核，即家的精神是永远不变的。这也激发读者去思考中华优秀传统文化中的变与不变——传承与发展。随着时代的发展，中华优秀传统文化被赋予新的形式，但是其精髓和内核是不变的，是需要我们继承和弘扬的。

[How]本文包含杂志编辑的评注、三个人物对春节经历的叙述、与人物相关的照片及说明。在页面的编排上，教材编写者设计了彩页并使用了不同的字体，使文章层次清晰明了。

在结构上,文章开篇是编者的话,概括了全文的主要内容,结束语总结凝练了文章的主题意义,即春节的精神。主体部分用简短的篇幅和清晰的结构,叙述了三位主人公春节前的准备活动、春节期间的庆祝活动,以及每个人对春节的感悟和理解。

在语言上,文章运用了大量能够突出主题意义、生动形象的细节描写,勾勒出栩栩如生的春节画面,使读者身临其境、感同身受,反映出中国人对春节的重视,以及家庭、亲情和团聚在中华文化中的重要地位。外国友人的叙述中用了大量的被动语态来表述春节的庆祝活动,如:"...the house was cleaned..." "the Chinese character *Fu* was attached upside down to our front door" "fireworks were being let off..."等,体现出 Tom(汤姆)作为外国友人,更注意的是春节的外在形式;而两位中国人的讲述用了主动语态和第一人称,形象生动、画面感强,极易引起读者的共鸣。

该语篇看似信息零落分散,但是通过研读语篇,梳理、概括和整合其内容,可以建立关联,构建人物春节体验结构化知识图(如图1-3),为提炼主题意义奠定了基础,同时也有助于学生对具有逻辑关联的核心信息进行内化,为在新情境中运用所学内容和语言做好准备。

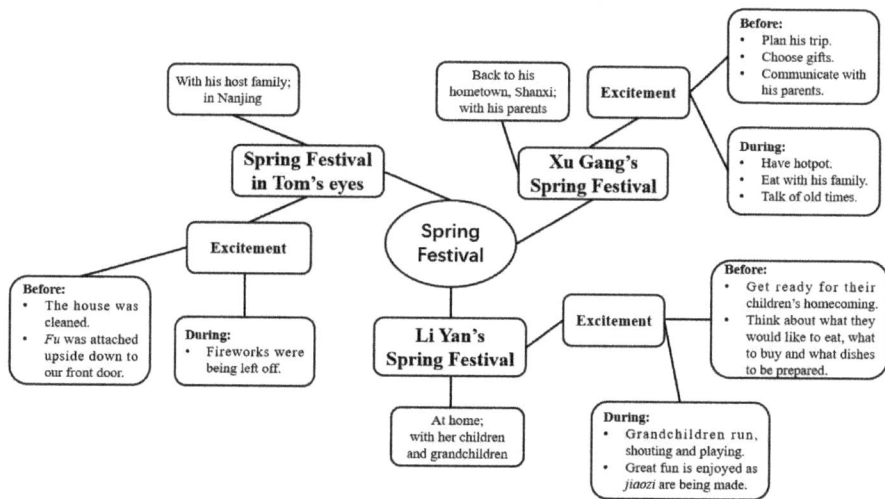

图1-3 语篇SPRING FESTIVAL结构化知识图

案例2　2019年北师大版高中英语必修二第六单元第一课A MEDICAL PIONEER一文。

（1）主题范畴

人与社会

（2）语篇研读

[What]A MEDICAL PIONEER是一篇介绍我国著名科学家屠呦呦及其事迹的新闻报道。该文主要介绍了屠呦呦和其团队历经多年，开展了无数次实验，在失败中总结经验，最终发现治疗疟疾的青蒿素，为人类健康事业作出了卓越贡献，她也因此获得了诺贝尔奖一事。文中与主题意义有关的核心词汇主要涉及疾病、中医药、实验、贡献等，如drug、effective、award、honor、recognition、establish、chemical、herb、literature、recipe、resource、promising、renowned、fame、wisdom、potential；语法知识主要涉及定语从句的运用。

[Why]语篇的价值取向在于通过介绍屠呦呦的事迹，让学生们深刻体悟到科学家们不为名利、全心投入、不断创新、坚持不懈、孜孜以求的科学探索精神，学习他们淡泊名利，为科学研究敢于拼搏，为热爱的事业甘于奉献终身的高贵品质。

[How]本文属于新闻报道，按信息的重要性展开叙述。全文共有五个段落，第一段为新闻的导语部分，介绍了屠呦呦因其伟大的科学发现而获得诺贝尔奖，登台领奖并发表讲话的情景。导语部分简洁生动的描述瞬间抓住了读者的注意力，激发了读者的阅读兴趣。文章主体部分为第二、三、四段，重点介绍了屠呦呦和其团队发现青蒿素的科学之旅。最后一段介绍了人们对屠呦呦的评价，以及她自己对科研的态度。

本文语言体现了新闻报道的重要特点——准确、客观、简练、通俗易懂，例如，文中多处用了引语，体现了内容的真实性和权威性，也增强了文章的说服力和感染力，更能引起读者的共鸣。

研读语篇后，可以梳理整合文章内容如下：屠呦呦领取诺贝尔奖的场景、青蒿素发现之旅、人们的评价以及她对待荣誉和未来研究的态度，并形成结构化知识（如图1-4）。

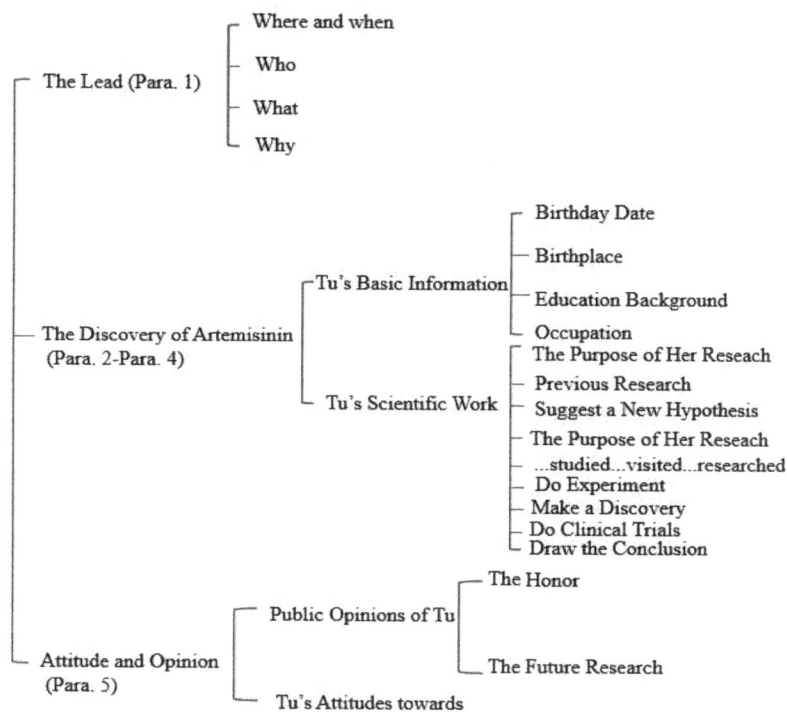

图1-4　语篇 A MEDICAL PIONEER 结构化知识图

以上两个案例是基于"W-W-H"框架来开展语篇研读的，要求教师基于语篇概括文章的主旨要义，并确认、梳理关于主题意义的关键信息，运用合适的工具建构结构化知识图；再深入语篇，探寻深层含义，挖掘文化内涵，提炼文章的主题意义，即理解作者的写作意图、情感态度或价值取向。在对语篇主题意义进行解读时，教师不仅要关注语篇的结构特点和语言表达方式，也要思考图片中的人物行为、场景布局、颜色构图等多模态符号传递的信息，从而更好地推断作者的写作意图和价值取向，提炼出主题意义。

教师开展语篇研读的核心目标之一就是要精准提炼语篇的主题意义。只有当教师抓住了语篇的主题意义，才有可能设计出指向发展学生英语学科核心素养的教学活动。首先，教师要以主题意义为引领，依托语篇，设计教学活动，引导学生一步一步建构结构化知识。然后，学生在情境中开展描述与阐释活动，从而内化和巩固所学知识。接着，学生通过分析、判断、推理和论证挖掘语篇背后的价值取向，并在教师的引导下探索语篇的主题意义、文体特色、修辞手法等。最后，学生通过批判和评价作者的观点，深化对主题意义的理解，树立正确的价值观，并在真实的生活化情境中，基于新的知识结构创造性地解决新的问题，理性表达观点、情感和态度，发展素养。可见，学生在教师的引导下，参与一系列基于语篇、深入语篇再到超越语篇的英语学习活动的过程，实际上就是通过实践，实现自主学习和深度学习，促进学科核心素养发展的过程。

（二）基于语篇知识，构建信息逻辑结构

语篇知识就是关于语篇是如何构成、语篇是如何表达意义以及人们在交流过程中如何使用语篇的知识。语篇结构有宏观组织结构和微观组织结构两个层面。语篇的宏观组织结构是指语篇中段与段的关系以及语篇各部分与语篇主题之间的关系，而语篇的微观组织结构是指句子内部的语法结构、词语搭配、指代关系、句子中信息的展开方式等。《高中英语课程标准》指出，教师要善于利用多种工具和手段，如思维导图或信息结构图，引导学生通过自主与合作相结合的方式，完成对信息的获取与梳理、概括与整合、内化与运用。这就要求教师自己能够深入研读语篇，运用语篇知识，利用工具建构语篇的宏观结构和微观结构。

首先，语篇的宏观结构取决于语篇的文体特征，不同文体具有各自特定的语篇宏观结构。

1.议论类语篇常见结构

①总论—分论—总论：先提出论点，而后从几个方面阐述，最后总结归纳。

②总论—分论：先提出论点，然后从几个方面论证。

③分论—总论：对所要论述的总论分几个方面剖析，然后综合归纳出结论。

例如，2019年北师大版高中英语必修二第四单元第三课INTERNET AND FRIENDSHIPS中的The Internet Harms Friendships一文的论述结构是总论—分论—总论，可以建构以下信息结构图（如图1-5）。

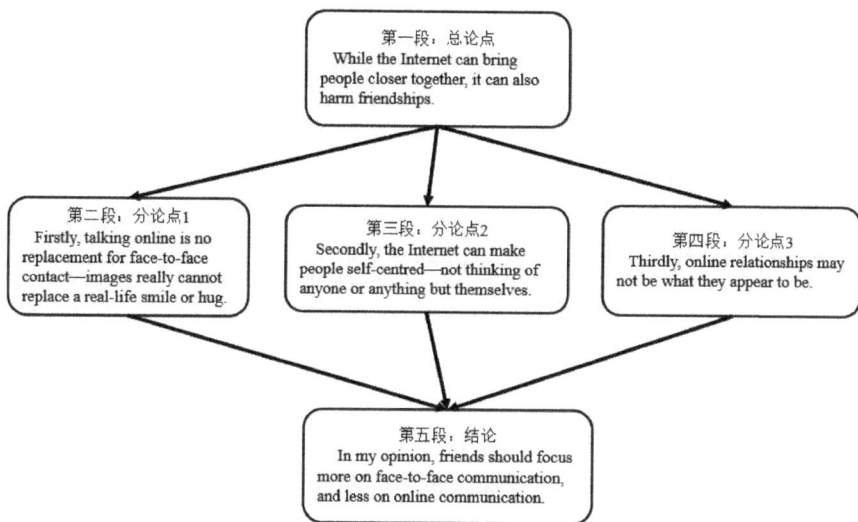

第一段：总论点
While the Internet can bring people closer together, it can also harm friendships.

第二段：分论点1
Firstly, talking online is no replacement for face-to-face contact—images really cannot replace a real-life smile or hug.

第三段：分论点2
Secondly, the Internet can make people self-centred—not thinking of anyone or anything but themselves.

第四段：分论点3
Thirdly, online relationships may not be what they appear to be.

第五段：结论
In my opinion, friends should focus more on face-to-face communication, and less on online communication.

图1-5 语篇 The Internet Harms Friendships 的信息结构

2.说明类语篇常见结构

①总分式：先总述说明对象的特点或重要性，然后分别从几个方面进行具体说明，最后再总结全文。例如，可以先介绍某个产品的总体特点，然后分别介绍其外观、性能、使用方法等，最后总结该产品的优势和适用场景。

②递进式：按照事物或事理的发展规律，由浅入深、由近及远、由简单到复杂地进行说明。例如，介绍一种科学现象时，可以从最基本的原理开始，逐步深入到更复杂的理论和实际应用。

③并列式：把被说明的对象或事理分解成几个方面，分别进行并列的阐述。例如，介绍一个城市时，可以从地理位置、历史文化、经济发展、旅游资源等多个方面进行并列说明。

④连贯式：按照事物发展的过程或时间顺序进行说明，使读者有一个清晰的时间或空间线索。例如，介绍一个历史事件时，可以按照时间

顺序，从事件的起因、经过、结果等方面进行连贯的说明。

⑤对比式：将两种或多种具有相似性或差异性的事物进行比较，突出其各自的特点或优劣。例如，在介绍两种不同品牌的手机时，可以通过对比它们的性能、价格、外观等方面，帮助读者做出选择。

⑥问答式：以"问"和"答"的形式展开说明，使文章结构清晰，易于理解。例如，可以针对某个常见问题，逐一提出并解答，使读者能够快速获取所需信息。

⑦因果式：先说明原因，再说明由此产生的结果，或者先说明结果，再分析产生的原因。例如，在分析某个社会现象时，可以先阐述其产生的原因，再介绍由此产生的社会影响或结果。

例如，2019年北师大版高中英语必修二第四单元第一课AVATARS是一篇介绍虚拟形象的说明文。它的宏观结构属于并列式，可以建构以下信息结构图（如图1-6）。

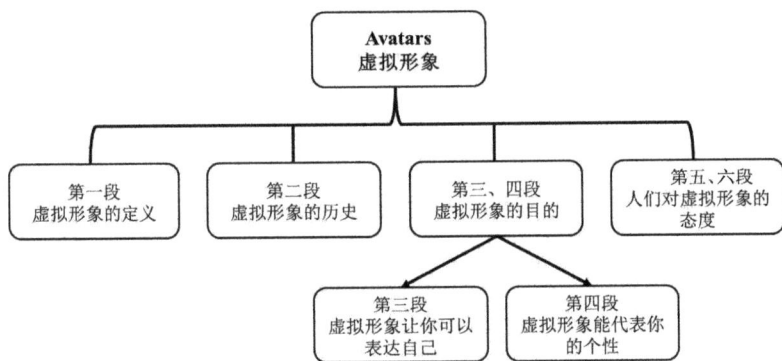

图1-6 语篇AVATARS的宏观结构

3.叙事类语篇结构

叙事类语篇的主要目的是讲述故事或事件，通常有开头、发展、高潮和结局。拉波夫在其 *Language in the Inner City: Studies in the Black English Vernacular* （《城市内部的语言:关于黑人英语方言的研究》）一书中提出叙事型语篇应包括六个部分，即点题、指向、进展、评议、结果或结局、回应。[①]

①点题（abstract）：叙述者在讲述故事之前对故事的简要概括。

②指向（orientation）：叙述者在点题后，在故事开头交代了故事发生的时间和地点、人物及其活动，或者是对环境的描述。

③进展（complicating action）：故事本身的发生和事态的发展。这一部分主要由叙事句或对话构成，叙事表达的时态通常是一般过去时，有时也用一般现在时。故事中的事件是按一定顺序展开的。

④评议（evaluation）：叙事者对故事发生的原因、要点、叙述故事的意图等的评论以及对事件和人物的评论，也包括局外人对故事中有关情况的评论等。评议可以用来制造悬念，提高读者对故事的兴趣，增强故事的吸引力和感染力。

⑤结果或结局（result or resolution）：一系列事件的结束，描述故事的结果、结局，包括人物的下场、目的的实现或失败等。

⑥回应（coda）：叙述者用一两句话来接应主题，把读者从故事中带回到现实生活中，即故事的现实意义——带给人们的启发和启迪。有的叙述者在故事结束后没有回应，而是留白，让读者自己去感悟和体会。

以2019年北师大版高中英语必修二第五单元第一课 A SEA STORY 一文为例，梳理语篇的宏观结构（如图1-7）。

---

① Labov W: *Language in the Inner City*: *Studies in the Black English Vernacular*, PA: University of Pennsylvania Press, 1972.

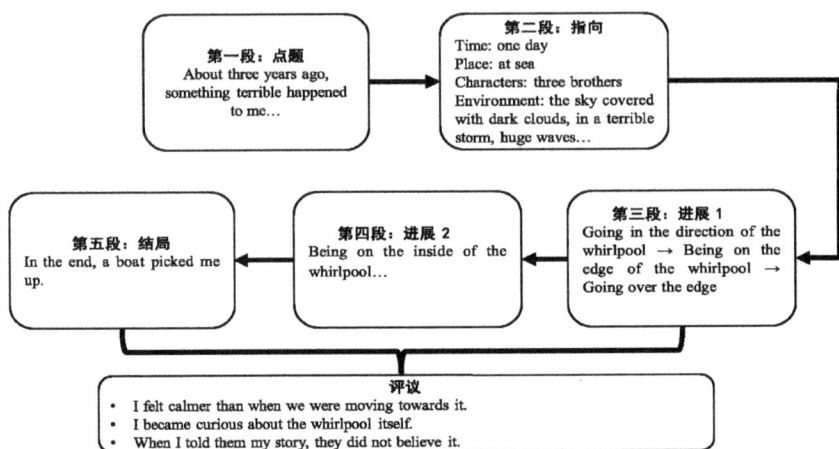

图 1-7 语篇 A SEA STORY 的宏观结构

其次，语篇的微观结构有两个重要方面，即衔接和连贯。

衔接是语篇特征的重要内容，体现在语篇的表层结构上，一般通过语法手段（如照应、替代、省略等）和词汇手段（如复现、同现等）的使用形成结构上的衔接。连贯是指语篇中语义的关联，一般可以通过逻辑推理来达到语义连接，它是语篇的无形网络。①在连贯的语篇中，句子与句子之间（或称"句际"）的逻辑语义关联是建构语篇微观结构的重要部分。从逻辑意义来看，语篇中句子间的关系主要有下列七种类型。

①总分关系/分总关系：一个句子对其他两个或两个以上句子作总结和概括，而其他句子对其起支撑性作用。

示例：

Firstly, talking online is no replacement for face-to-face contact—images really cannot replace a real-life smile or hug. According to a parenting expert, Denise Daniels, communicating through a screen makes it more difficult for children to concentrate or show kindness to others. As we know, important social skills are developed through direct contact with other people. It is these skills that enable us to develop lifelong friendships.

① 黄国文:《语篇分析概要》,长沙:湖南教育出版社 1988 年版,第 10—11 页。

该语段的第一句具有概括性意义，总领下面的句子，所以第一句与其他三句话之间是总分关系。

②并列关系：两个或两个以上句子互不从属，共同说明一个话题。

例如：①中示例的第二、三句属于并列关系，都围绕一个共同的主题——talking online is no replacement for face-to-face contact（在网上聊天并不能代替面对面的交流）。

③对应关系：两个或两个以上句子的部分词语在概念上相互对应。

示例：

The boat was on the inside of the huge whirlpool and we were going round in circles at great speed. I saw clearly that there were other objects in the whirlpool—trees and barrels. After a while, I became curious about the whirlpool itself.

该语段的三个句子之间属于对应关系，是通过"whirlpool"的复现建立的。

④顺序关系：两个或两个以上句子根据动作或事件发展的先后顺序排列。

示例：

Some time after I left the boat, with my brother in it, it was pulled into the bottom of the whirlpool. Soon after that, the whirlpool became less wild. Then the sky was clear, the wind calmer, and the moon was shining. I was still tied to the barrel and the waves soon carried me to an area where the other fishermen were. In the end, a boat picked me up.

该语段的五个句子描述的事件是按照时间顺序发展的，属于顺序关系。

⑤转折关系：句子之间存在语义上的对比和对照，即从一个方向转

向相反的方向，通常通过显性的话语标记，如 but、however 等来体现。

示例：

Traditional ways of communicating, like letters and phone calls, can be limiting and take time. However, you can share photos, videos, news stories and websites with your friends online.

这两个句子在语义上形成对比，属于转折关系。

⑥因果关系：一个句子的语义是另一个句子语义的原因或结果。和转折关系相同，因果关系在语篇中也常通过显性的话语标记，如 thus、therefore、because of this、this is because、that's why 等来体现。

示例：

Friendships are built on the basis of trust, and with online communication you can never be 100 percent sure that the people you are chatting to is being honest about who they are. Because of this, going online can be particularly dangerous for people who are easily influenced or too trusting.

这两个句子在语义上构成因果情况，属于因果关系。

⑦解释关系：后面的句子对前面的句子作解释、引申、例证，使意义更加具体和明确。

示例：

Secondly, the Internet can make people self-centred—not thinking of anyone or anything but themselves. For example, instead of having proper conversations with their friends, some people are only concerned with their online popularity.

该示例中的第二个句子通过举例来例证第一句，所以这两句话是解释关系。

（三）作者及编者的意图研读

《高中英语课程标准》指出，在开展语篇研读时，教师可以进一步关注语篇的选材出处和发表时间，分析作者或说话人的立场、观点、写作风格或表述风格，以及特定时期的语言特点和时代印记等。也就是说，教师在研读语篇时，也要尝试与作者或教材编写者进行跨越时空的对话，即要尝试解读语篇的作者或教材编写者。

在解读作者时，可以搜集作者所处的特定时代的相关信息，并了解其写作风格，这有助于全面准确地把握文本的主题意义和作者的写作意图。但是，被选入高中英语教科书的语篇，有的经过了教材编写者再创作，教材里没有标明其作者，这种情况我们可以考量教材编写者把此文本置于本单元主题之下的用意、文本与单元其他文本之间的内在关联，因为这种编排也在某种程度上反映了教材编写者对该语篇写作意图的理解。

以 2019 年北师大版高中英语必修一第二单元第一课 THE UNDERDOG 为例，因为教材选文没有标注文章的作者，所以教师可以尝试从以下三个视角来解读文本。首先，从单元视角来理解教材编写者选用此文本的目的。其次，关注主题范畴，这有助于从总体上把握写作目的。最后，提示学生关注文章的标题并通过研读文本来理解主旨要义，从而进一步明确作者写作文章的意图。

THE UNDERDOG 一文属于人与社会主题范畴下文学、艺术与体育主题群的体育活动和体育精神主题内容。教材编写者立足单元主题和该选文的主题意义，向读者展现的主要写作目的是：弘扬身处逆境却不忘初心、不言放弃、奋力拼搏的精神。另外，教材编写者和作者还可能想通过文本传递体育运动中的同伴之间的信任、帮助和支持以及团队精神等积极的价值取向。

再如，2019 年北师大版高中英语必修二第五单元第一课 A SEA STO-

RY节选自19世纪美国诗人、小说家和文学评论家埃德加·爱伦·坡的短篇小说《莫斯肯漩涡沉浮记》。对作者的解读有助于深度理解选文的语言特色、主题意义和写作意图。埃德加·爱伦·坡被认为是恐怖文学、推理小说和短篇小说的奠基人之一。他的作品以独特的想象力、深邃的心理描写和独特的叙事手法而受到广泛赞赏。他的作品充满了悬疑、恐怖、哲理和浪漫主义的元素，对后来的文学发展产生了深远的影响。《莫斯肯漩涡沉浮记》的节选部分让读者充分体会到了人在自然面前的渺小，能让读者认真审视人与自然的关系。了解了作者的这些背景信息后，对于文章中的描述和语言表达就容易理解了。

语篇研读是教学的出发点，也是课堂教学实施之后进行反思的重要落脚点。语篇研读的广度和深度与教师的专业素养、人生经历和生活体验等因素有关。教师在研读语篇时要有"大观念"意识，即全局思想和系统观视角，切忌随机和碎片式解读。此外，教师要有批判性语篇研读意识，多渠道获取与教科书文本相关的信息，客观看待文本传递的意义。教师要敢于走出自己专业的"舒适区"，多进行"盒子外"思维，不断提升语篇研读的能力，而将这种能力融入课堂教学中又会影响学生去不断探索语篇研读，从而提升他们的英语学科核心素养。

第二章 学情分析

普通高中英语课程的具体目标是培养和发展学生在接受高中英语教育后应具备的语言能力、文化意识、思维品质、学习能力等学科核心素养。《高中英语课程标准》明确指出，英语学习活动的设计以培育学生英语学科核心素养为目标，在进行英语学习活动设计时要了解学生的学习情况，要与学生已有的知识和经验建立紧密联系。也就是说，学情分析是教师进行教学设计的必要前提。新课程理念指导下的课堂教学强调以学生为中心，从原本的知识本位逐步升级到能力立意，直至素养立意的教育教学。因此，教师在开展教学设计、教学实施以及教学评价等活动时需要关注每一位学生的发展情况，既要关注学生的整体特征和共性特征，也要关注学生的个体差异。所以说，学情分析是英语教师制定教学目标、设计教学活动、实施教学以及开展教学评价等的重要依据和不可或缺的一部分。

一、学情分析的内涵

学情分析是教师教学过程中最重要和最基本的教学资源之一。学情是"学生情况"还是"学生学习情况"的简称呢？如果说学情是"学生情况"的简称，那么学情分析就要聚焦于学生，包括学生成长和发展的各个方面，如身心状况、情感和态度等。如果说学情是"学生学习情况"

的简称，那么学情分析就要聚焦于学习，包括学生学习的知识、能力和素养相关的情况。两种理解都有其合理性，第一种理解属于宽泛的学情分析，而第二种理解更贴近教师对课时学情或单元学情的分析。①学生学习情况又具体包括哪些方面呢？赵振旗指出，学情分析是对学生的知识基础、学习方法、心理状态、理解能力、学习兴趣等进行分析。学情分析显然是对学生在学习某单元或课时时的学习情况分析。②吴蕾和裘文瑜指出，学情分析是一个包括课前学习起点分析、课中学习状态分析、课后学习结果分析的连续体，是一个不断更新、循环往复的过程。在这个循环往复的过程中，实现学情分析与教学过程的整合，实现教学与评价的有机融合。③

笔者认为，阅读教学的学情分析应该包括课前、课中和课后三个阶段的学生学习情况分析，是一个全过程的学情分析。

课前学情分析，即阅读教学设计的学情分析，包括学生对所学内容的熟悉程度分析，所学内容能否引起学生的学习兴趣分析，学生对所学内容的语言知识储备情况分析，学生对所学内容中的文化知识掌握情况分析，学生的文化意识水平以及文化自信程度分析，学生在开展阅读活动时所具备的阅读策略和学习能力的大体情况分析，还包括学生目前的思维水平状况分析，心理状况分析以及阅读新文本时可能遇到的困难和挑战的分析等。

课中学情分析，即阅读教学实施过程中的学情分析，主要是指教师在开展教学活动中对学生实时的学习表现进行分析，并依据课堂中学生的实际表现来及时调整教学活动，以促成学习效果的最大化。教师可以观察学生在个体及小组学习活动中的表现和行为，通过课堂提问了解其对所学内容的理解、掌握和运用情况，并结合他们在学习过程中表现出来的心理特征等，开展学情分析。

---

① 邵燕楠、黄燕宁：《学情分析：教学研究的重要生长点》，《中国教育学刊》2013年第2期。

② 赵振旗：《应加强对学情的研究》，《山东教育科研》1988年第2期。

③ 吴蕾、裘文瑜：《重新理解"学情分析"》，《人民教育》2014年第3期。

课后学情分析，即阅读课结束之后的学情分析，主要是指教师在教学反思的过程中对学情进行分析。教师可以通过复盘，梳理学生在既定的课堂教学活动中和实时优化调整的教学活动中的综合表现情况，分析其优势，并发现其不足，从而探索课堂教学的优化方案。教师还可以通过问卷调查和学生作业完成情况，发现教学设计和教学实施中存在的问题，并加以改正。

二、学情分析的重要性

课前、课中和课后一体化的学情分析是教师制定教学目标、设计教学活动、实施教学和开展教学评价的重要依据，是培育学生学科核心素养的基本保证。学情分析是实现因材施教和提升教学效率的前提，它使课堂实现由教师的"教"向学生的"学"的转变成为可能，也使学生养成多元化和个性化的学习方式成为可能。

第一，学情分析能转变教师"教"的行为。很长一段时间以来，中学英语课堂的主角是教师，学生是配角。这样的课堂中，教师讲得津津有味，而学生却被动接受，大部分时间都处于"静默"状态，课堂活动的参与度不高。一节在教师看来可能十分"精彩"的课堂，学生却收获有限。

《高中英语课程标准》倡导的英语学习活动观明确要求学生参与一系列体现综合性、关联性和实践性等特点的英语学习活动来促成学科核心素养的发展，这充分说明了学生是课堂学习活动的主体，是所有学习活动的核心。在综合语言实践活动中，教师要关注学生的生活经验和认知水平，要了解学生和学生的学习情况，通过学情分析，充分研判学生的学习情况，包括他们的学习欲望、兴趣、学习方式、思维能力、学习过程中可能遇到的挑战，以及提升他们学习潜能的方法等。这样的学情分析有助于教师把教学的核心转向学生的学习表现，在教学实践中持续关注学生的学习效果，以学习效果来评价课堂教学，实时调整教学活动。

这种转变具有重要意义，真正体现了以学生为中心的课程理念，而且把学生的主体地位真正落实到了课前、课中和课后的全过程中，有利于学生英语学科核心素养的形成和发展。

第二，学情分析能转变学生"学"的行为方式。中学英语课堂由教师的"教"转向学生的"学"，可以促进学生学习方式的转变，为学生发展学习能力创造条件。教师要对学生已有知识经验和认知水平做到心中有数，并在课堂中引导学生进行知识与经验的重组与生成，实现知识的迁移。《高中英语课程标准》指出，为培养学生自主、合作、探究的学习能力，教师要为学生创设支持和激励的学习环境，在教学中关注学生是否在合作学习中增强了个体责任感，是否实现了相互学习、相互促进，是否通过合理分工促进了学生独立思考，是否改善了人际关系、提高了人际交往能力。教师在教学过程中要充分考虑到学生作为人所具有的独立性和自主性特征，要积极引导学生去质疑和探究，开展主动的和个性化的学习实践活动。

第三，学情分析能促进教师专业发展。在进行学情分析时，教师能够深刻认识到自己在教育学、心理学、语言教学等知识方面的不足，从而聚焦相关领域的专门化学习和研究，实现专业思想、专业知识、专业能力等方面的不断提升。

三、英语学科学情分析中存在的问题

学情分析是落实以学生为中心理念的重要环节之一，是践行英语学习活动观的重要前提。教师如何进行学情分析，在很大程度上取决于教师对学情分析内涵和重要性的认识。从实际情况来看，很多教师在日常教学过程中不太重视学情分析，往往凭着经验和感觉来判断学生的学习情况。笔者认为，当前教师在进行学情分析时还存在下面两个方面的问题。

第一，依据经验判断，聚焦共性的分析而忽视个性的分析。下面以

《高中英语课程标准》附录4教学案例中的学情分析为例加以说明。

学情分析：

本班学生英语基础较好,学习态度较认真,学习热情高。学生已基本具备在阅读中获取细节信息的能力,部分学生能用英语自信地表达观点。但是多数学生在理解和整合知识、逻辑推理和分析论证观点,以及批判评价方面的能力都比较欠缺。此外,虽然学生对著名科学家及其贡献有一定程度的了解,但其原有知识结构并不系统,对科学研究的具体步骤了解不全面,对科学精神缺乏深层理解,对霍乱以及John Snow(约翰·斯诺)都比较陌生。

以上虽然是《高中英语课程标准》中选用的典型案例的学情分析,但是这样的学情分析更多是依据经验主义作出的判断,对学生学习情况的描述笼统、模糊,放到其他目标群体似乎也适合,缺少对目标对象个性特征的分析。

当前,也有不少教师在各级优质课教学评比中,倾向于用SWOT分析法来分析学情,以下面的一个学情分析的案例加以说明（如图2-1）。

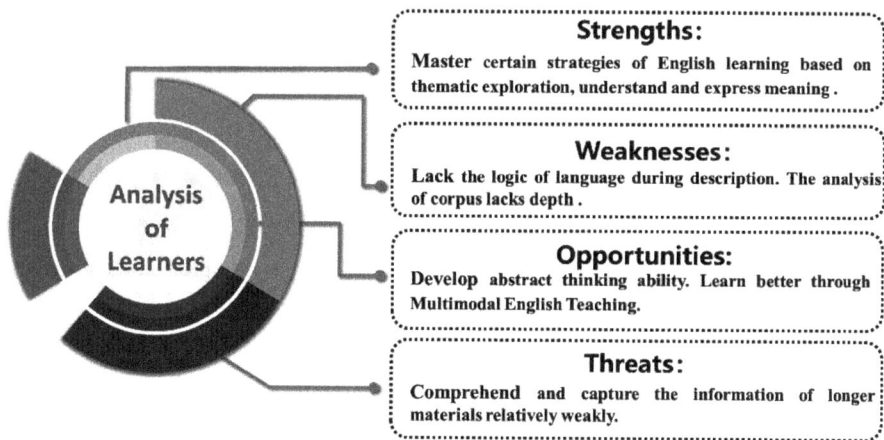

Strengths:
Master certain strategies of English learning based on thematic exploration, understand and express meaning.

Weaknesses:
Lack the logic of language during description. The analysis of corpus lacks depth.

Opportunities:
Develop abstract thinking ability. Learn better through Multimodal English Teaching.

Threats:
Comprehend and capture the information of longer materials relatively weakly.

Analysis of Learners

图2-1　基于SWOT分析法的学情分析

实际上,SWOT分析法主要适用于企业,是基于企业内外部竞争环境和竞争条件下的态势分析。SWOT分析法是基于调查研究，分析得出优势、劣势、机会和威胁的具体因素，是否适合用于学情分析值得商榷。图2-1中的学情分析均不是授课教师通过调查研究得出的，这种笼统模糊的描述是教师依据教学经验得出的，更多地指向某个群体的共性特征。

由此，可以看出上面两个案例中的学情分析虽然涉及学生的语言能力、认知特点、思维能力、对所学内容的熟悉情况以及对知识和技能的掌握情况，但由于这样的分析缺乏调查研究，因而不能客观反映出学生的实际学习情况，也就很难促进教学的有效实施。

第二，只关注课前的学情分析，忽视课中和课后的学情分析。越来越多的教师开始意识到学情分析的重要性，但很多人只是在课前教学设计时分析学生的学习情况，而忽视对学生在课堂教学过程中的学习状态和课后学习效果的分析。虽然有些教师关注了学生在课堂学习过程中的参与情况、情感和心理状态，也认真批阅了学生的课后作业，但是还未形成系统的课中和课后学情分析体系，也缺少科学的分析方法。

课前、课中和课后学情分析的侧重点不同。课前学情分析主要聚焦于学生学习起点的分析，侧重于学生的语言知识基础和储备、学习能力、思维水平、个性特点等，指向的是教师对课堂教学的预期和判断，属于静态的分析方式。课中学情分析是教师根据学生参与语言实践活动过程中反馈的信息和数据，对课前学情分析的再分析和验证，以及对活动设计和实施的评估，及时根据学生学习实际需求调整接下来的教学活动。课中学情分析指向的是教师对课堂教学的生成和效果的研判，属于动态的分析方式。课后学情分析是教师对课堂教学实际情况的反思与评估，对课前学情分析和课中学情分析的评价与分析，旨在改进和提升教学能力，同时也是为接下来的教学提供参照和依据。课前、课中和课后一体化学情分析是一个动态的、连续的、完整的学情分析体系，三者是有机融合的。

四、英语学科学情分析的内容与方法

有效的学情分析应该是多元的、系统的、深度的和客观的。学情分析一方面是对学生主体认知水平或程度和需求水平或程度的调查，另一方面是教师主体对所搜集的课前调查信息做出的统计分析。学情分析中常用的调查方法有问卷法、访谈法、观察法、测试法以及对学生作品进行分析等方法。下面我们来探讨高中英语阅读教学的课前、课中和课后学情分析的核心内容和具体方法。

（一）课前学情分析的核心内容和具体方法

1.课前学情分析的核心内容

普通高中英语课程的总目标之一，是促进学生英语学科核心素养的发展，包括语言能力、文化意识、思维品质和学习能力等四个维度。教师开展课前学情分析时不一定必须严格按照这四个维度来展开，而是要依据高中英语教科书中阅读语篇的教学作用和单元定位来更具体、更细化地设定分析内容。教师可以尝试从以下几个方面来就某一课时的阅读教学开展课前调查和分析。

①主题内容方面：调查和分析学生对选定阅读文本主题内容的熟悉程度，以及对涉及该文本主题内容的背景知识的了解程度。

②语言知识方面：调查和分析学生对选定阅读文本的阅读和表达所需要的语言基础知识和储备，包括与主题意义相关的语音、词汇、语法、语篇和语用等基础知识；发现学生语言知识方面的困难和挑战，从而给学生提供必要的语言支持和帮助。

③阅读策略方面：调查和分析学生对选定阅读文本的特定阅读策略的了解情况。

④思维能力方面：调查和分析学生目前的思维能力水平，尤其是分析、评价和创造等高阶思维水平层面的情况。

⑤情感态度方面：调查和分析学生对选定阅读文本主题内容的兴趣以及阅读期待情况。

下面案例是某教师通过调查和访谈，收集并分析数据之后所作的学情分析。

Learning Pofile Analysis

Nearly 95% of the students have some knowledge about funny stories and jokes and 90% have grasped some basic reading strategies, such as skimming for the gist and scanning for details; however, 78% of the students do not know how to make inferences effectively.

A little more than 60% of the whole class show difficulty in analyzing rhetorical devices and 52% of the students have difficulty summarizing language features of each story.

64% of the students lack experience and skills in recommending a story fluently and confidently and 47% of them are fresh to mind map drawing.

97% of the students show keen interests in learning more about funny stories and 90% of them are willing to explore what makes them funny.

这一学情分析案例从与学生相关的知识储备、阅读策略、思维能力、阅读兴趣和阅读期待等方面进行了调查和分析。这样的学情分析具有个性化、具体性、聚焦性和客观性等特征，对教学目标的确定和教学活动的设计和实施具有重要的指导意义。

2.课前学情分析的具体方法

课前学情分析的常见方法有：问卷、访谈以及读前的话题讨论和头脑风暴活动。有时教师可以融合几种方法来多渠道获取数据，确保学情分析的准确性。

下面案例是2019年北师大版高中英语必修二第六单元第一课 A MEDICAL PIONEER 的学情分析。

Learning Profile Analysis

This course is designed for high school sophomores who have established foundational English vocabulary and grammar knowledge but require further development in practical application. Students demonstrate preliminary understanding of the simple past tense and passive voice, yet lack proficiency in applying these structures effectively, particularly in oral and written expression. While students exhibit strong reading comprehension skills, their ability to extract key information and engage in critical thinking requires refinement. Students display teamwork spirit and intellectual curiosity, which will facilitate classroom discussions and collaborative activities. Most students actively participate in class, though some struggle with sustained focus, which impacts learning outcomes. Additionally, students demonstrate passivity in supplementary reading and practical application beyond the classroom. Their limited exposure to medical-related knowledge may pose challenges during discussions and writing tasks concerning medical pioneers. Most students are familiar with scientist Tu Youyou, while approximately 24% have limited knowledge of her. However, 39% of students still struggle to correctly apply attributive clauses. In contrast, only 2% of students demonstrate strong interest in scientific experiments, reporting prior exposure to experimental research through television and books. Meanwhile, 9% indicate a basic understanding of scientific experiments acquired through routine chemistry, biology, and physics classes. Additionally, students exhibit limited grasp of the scientific ethos, with approximately 52% acknowledging an inability to deeply internalize the spirit of scientific inquiry.

授课教师从知识基础、学习经验、能力水平、情感态度四个方面设计了调查问卷，调查了学生对新闻报道的主人公屠呦呦事迹的了解、描述人物和讲述事迹时所需语法知识（定语从句）的掌握情况，以及对科学实验和科学家精神的了解。通过调查问卷和数据分析，教师了解到绝大多数学生对科学家屠呦呦并不陌生，只有约24%的学生不太了解；定语从句的掌握对于描述人物、讲述事迹将起到很好的语言支撑作用，虽然高一学生在初中已经学习过定语从句，但仍有39%的学生不知道如何正确运用定语从句；对于科学实验，仅有2%的同学表现出了浓厚的兴趣，表示曾经通过电视和书籍了解过实验研究，9%的同学表示通过平时的理化生课堂对科学实验了解一二；学生对科学家精神了解也不够透彻和深入，有约52%的同学表示不能够深刻体会科学家精神。

基于以上的调查问卷和数据分析，授课教师明确了学生的已知和未知，为教学目标的确定和活动设计指明了方向，为下一阶段教学活动的开展提供了支撑。

此外，笔者融合了这几种方法，探索出了阅读语篇的课前问卷调查"KWS"模型（如图2-2）。

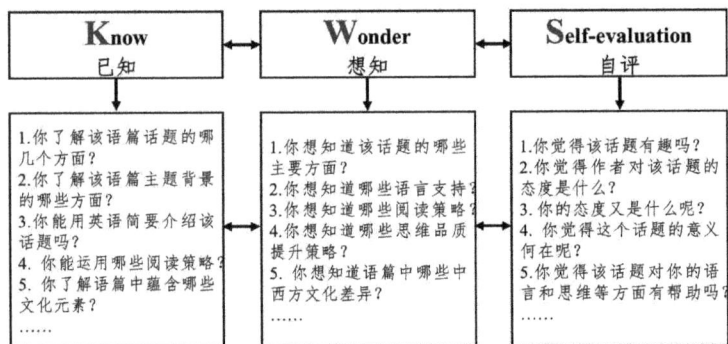

图2-2　阅读语篇课前调查"KWS"模型

教师可以根据此模型来设计问卷表单、访谈问题、读前讨论活动和头脑风暴活动等。

（二）课中学情分析的核心内容和具体方法

1.课中学情分析的核心内容

阅读课中的学情分析是指教师分析和研判学生在个体以及小组学习活动中的综合表现，主要包括以下几个方面。

①活动参与度：观察学生参与个体和小组活动的积极性和态度。

②活动完成度：观察学生参与各种语言实践活动的完成情况，分析影响完成度的外在和内在因素。

③语言质量：倾听学生参与活动和交流汇报成果时的语言，并分析语言质量，包括目标词汇、目标语法等的使用是否准确和得体，了解学生语言学习存在的问题。

④思维水平：提问并认真倾听学生的回答，分析学生对于某问题或议题表达观点和意见时的思维水平情况。

教师在学生参与语言实践活动时，要通过观察、倾听、提问、反馈和评价等分析学生在上述四个维度暴露出的问题和不足，及其产生的原因，并及时调整教学活动，给予学生必要的指导和帮助，以保证学生最大程度地完成学习目标。

例如，笔者在教授 2019 年北师大版必修一第一单元第三课 YOUR LIFE IS WHAT YOU MAKE IT 时，设计的阅读与探索（Read and Explore）活动是为了让学生自主创建信息结构图来梳理、提取语篇中的重要信息。设计教学时，笔者还做了另一个方案，在学生自主创建信息结构图出现困难的情况下，提供一个信息结构图供参考（如图 2-3）。

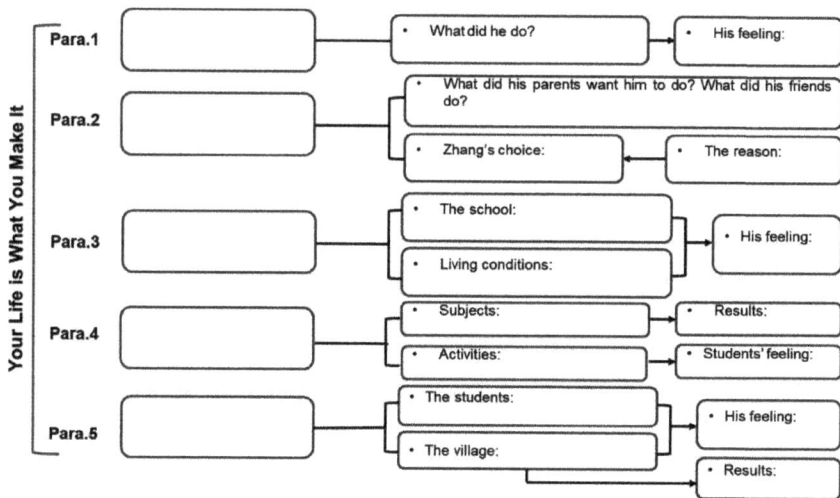

图 2-3 语篇 YOUR LIFE IS WHAT YOU MAKE IT 参考信息结构

虽然在本单元第一课中学生们学会了用信息结构图来梳理和整合文

本的关键信息，但毕竟是初步尝试，而且本课文本较长，有一定的难度。另外，学生对于语篇知识的掌握还比较有限，所以在学生自主创建信息结构图的过程中，笔者发现学生的结构图单一，逻辑性较弱，且遗漏了很多重要信息。因此，笔者实时提供了供同学们参考的信息结构图，帮助他们思考和审视如何更有效地利用信息结构图来提取和整合文本中的关键信息。

2.课中学情分析的具体方法

①观察：教师全程观察学生的学习表现。

②倾听：教师倾听学生与学生之间的讨论和问题的回答。

③提问：教师以参与者的身份加入学生的活动中开展互动交流，或是在倾听学生表达之后参与互动探讨。

④访谈：教师在活动实施中，通过观察发现问题，基于问题有针对性地对学生进行访谈，及时调整活动的方式或要求。

⑤评估：教师评估学生参与语言实践活动生成的作品，研判学生学习中的困难和问题。

（三）课后学情分析的核心内容和具体方法

1.课后学情分析的核心内容

①学生自我反思和评价：教师通过引导学生进行课后自我反思和学习收获评价，调查和分析学生学习效果，了解学生的欠缺和不足之处。学生反思和评价内容围绕教学目标达成情况展开，包括本课时在语言能力、学习能力、思维品质和文化意识等方面的具体内容；学生通过评估自己的表现，发现学习过程中的困难，提出希望在哪些方面得到帮助等。

②教师自我反思和评价：教师开展课后自我教学反思和评估。教师可以从教学目标的制定、活动设计、学生表现、课堂管理和教学评价等方面进行自我反思和评估。

下面是笔者在教授2019年北师大版高中英语必修二第六单元第一课A MEDICAL PIONEER之后进行的学情分析架构案例。

一是学生自我反思和评价。学生回看本课的学习目标，然后根据学生自我反思和评价表（表2-1）中所列条目，并结合表后问题反思和评价自己的学习过程和结果。

表2-1 学生自我反思和评价

ASPECT	REFLECTION & EVALUATION
Getting the main idea	
Understanding and figuring out the facts about Tu's scientific research by using the given chart	
Inferring Tu's qualities as a scientist	
Exploring the development of the text and the logical connection between ideas	
Adopting an attitude towards Tu and giving a different title	
Maintaining good posture and eye contact with my audience in a presentation	

二是教师自我反思和评估。教师可以参照下面的自我反思和评估表（表2-2）来评价教学效果。

表2-2 教师自我反思和评估

ASPECTS	REFLECTION & EVALUATION
Lesson objectives	All the objectives are specific, measurable, achievable and time-bound. They conform to the requirements of the new national curriculum. To tell the truth, the lesson is not too difficult for the students. The students understood what was being taught. However, some students did not know how to use a flow chart to outline the facts about Tu's scientific research.

ASPECTS	REFLECTION & EVALUATION
Activities and materials	The text talks about a medical pioneer—Tu Youyou, the first Chinese woman to win a Nobel Prize, and her discovery of artemisinin. The students seemed to be very interested in the topic. Altogether 8 activities ranged from easy ones to challenging ones, focusing on meaning, language and thinking quality.
Students	I saw these students for the first time, and we were strange to each other. While doing the analysis of the target students, I took it for granted that the students were top students in the city and they were active and were good at teamwork. As a matter of fact, they were top students, but obviously they did very few pair work or group work normally. On top of that, they did not know how to use the flow chart to outline the key information. Besides, they are independent learners, ignoring the proper guidance, and they just did what they thought they should normally do. Therefore, there is no doubt that accurate analysis of the target students really matters.
Classroom management	Varieties of interactive patterns, the whole class work, group work, pair work and individual work, were employed. Thus, they had enough opportunities to participate in the learning. All the students were actively involved in the activities. We had the lesson in a lecture hall instead of a classroom, and we were actually on the stage, which brought us pressure and stress and prevented the students from participating to some extent. My instructions were clear and my feedback turned out to be proper and effective.
Assessment	The method of assessment worked well. It could help the students to be very clear about the positive outcomes they had made and problems they had met with and inspire them to think of possible solutions.

ASPECTS	REFLECTION & EVALUATION
Teacher	Overall, the lesson was successful, and my new students and I all performed very well. If I had a chance to teach the lesson again, I would first spend some time explaining to my students how to use a graphic organizer effectively, and make sure that everyone can use it appropriately.

2.课后学情分析的具体方法

①调查和访谈——教师可以利用上面案例中的两个分析架构来分析、评估教和学的效果，以及该课时教学中的问题和不足之处。

②评估作业——教师引导学生评估他们的课后作业完成情况，明确难点在哪儿，需要哪些帮助等；此外，教师观察学生作业的完成情况，分析研判学生学习的困难，以及教学上需要改进和完善的地方。

不论是课前、课中还是课后的学情分析，除了教师的主动参与外，还要充分发挥学生的主体作用，引导学生积极参与学情分析活动，让学生主动关注和评价自己的学习过程。

第三章　教学目标的制定

教学目标是指教学活动实施的方向和预期要达成的结果，是一切教学活动的出发点和最终归宿，是教育目的在具体教学中的体现。教学目标的准确定位是教学活动设计和课堂实施的先决条件。教学目标内容的确定经历过"双基"教学目标，即基础知识目标和基本技能目标，到"三维"教学目标的发展，即知识与技能目标、过程与方法目标、情感态度和价值观目标。三维教学目标的提出丰富了教学目标的内涵，在一定程度上体现了关注学生整体发展的理念。随着《高中英语课程标准》的颁行，培养和发展学生的语言能力、文化意识、思维品质、学习能力等英语学科核心素养成为普通高中英语课程的具体教学目标，教学目标从"三维"目标转向"素养"目标，聚焦培育学生的关键能力、必备品格和正确价值观，凸显了英语学科的育人价值。

一、教学目标的内涵

教学目标作为教学设计中的先行军，在教学设计中发挥着十分重要的导学、导教和导评的作用。加涅等指出，任何教学设计必须能回答的问题是"经过教学之后学习者将能做哪些他们以前不会做的事？"或者

"教学之后学习者将会有何变化？"[①]因此，教学目标的确定必须指向学生在参与学习实践活动后达到的行为变化程度。以英语学科核心素养发展为目标的中学英语课堂，其教学目标的维度框架应该聚焦于学生在学完某课时后，在语言能力、文化意识、思维品质和学习能力的具体素养水平层面发生的变化。

二、教学目标设计中的问题

教学目标是有效教学的出发点和归宿点，目标的准确定位是决定教学成功的关键，其重要性不言而喻。但是，目前不少中学英语教师对教学目标的重要性认识不够，在教学目标的定位和设计方面存在诸多问题。总的来说，中学英语教学目标的定位和设计存在以下几个共性问题。

（一）教学目标主体错位

有些教师在教学目标的表述中，仍然以教师为主体，忽视学生的主体地位。例如，某教师在教授2019年北师大版高中英语选择性必修三第八单元第一课THE LAST LEAF时设计了如下教学目标。

教学目标：

第一，通过阅读，引导学生从主题语境、篇章结构、故事情节、词汇处理等多角度去深度解析文本，帮助学生理顺情节发展，抓住人物核心性格，确保学生写出符合逻辑情节的续写。

第二，通过主述位推进模式，帮助学生搭建文章逻辑结构，解决学生写作时无话可写的问题。

第三，通过提供语料、作文互批表，明确批改润色要求，让学生反复练习，指导学生写出更自然合理且衔接得当的作文。

① R.M.加涅等：《教学设计原理》(第五版)，皮连生、王小明、庞维国等译，上海：华东师范大学出版社2018年版，第149—150页。

该案例中的三个教学目标的主体都是教师。虽然《高中英语课程标准》中没有明确说明教学目标的主体必须是学生，但是以学生为主体的课标理念应该深入到教学的方方面面，作为教学起点和归宿点的教学目标的设计也不例外。指向发展学生学科核心素养的教学目标的主体必须是学生，评价的指向也应该是学生的发展。

（二）教学目标表述笼统

教学目标必须是具体的和指向可检测的结果，要能清楚地反映学生能学到什么，在课时结束后能对照检查教学目标是否达成。有些教师设定的教学目标模糊、宽泛，可操作性弱，难以评价。例如，某教师在教授人教版高中英语必修二第一单元的阅读课文 FROM PROBLEMS TO SO-LUTIONS 时，确定了如下教学目标。

Teaching objectives

（1）Students will know the process of how Egypt solved the problem.

（2）Students will explain the process of solving a problem.

（3）Students will know the importance of cultural heritage protection and teamwork spirit.

第一个目标和第三个目标的表述过于宽泛，何为"知道"，"知道"到什么程度？目标的可操作性差，也难以评价。再如类似以下表述的教学目标也是如此。

Teaching objectives

（1）Students will be able to improve their oral ability.

（2）Students will be able to develop their cultual awareness.

（3）Students will be able to develop their reading strategies.

类似上述的教学目标的表述比较常见，这样的教学目标显得过大、太虚，过于宽泛，没有明确提出提高哪种口语表达能力，也未能提出培养文化意识的具体层面，以及具体的阅读策略。这些教学目标缺乏可操作性和可评价性。

（三）教学目标维度单一

有的教师由于对语篇研读不够深入，确定的教学目标以语言知识及阅读或听力策略为主，忽视思维能力和文化意识维度的目标。有的教师关注低阶思维层次的目标，而忽视像分析、评价和创造等高阶认知水平的目标。例如，某教师在教授人教版高中英语必修三第一单元 FESTIVALS AND CELEBRATIONS 板块 Listening and Talking—Talk about festival experiences 时，确定了如下教学目标。

Teaching objectives

By the end of this class, students are expected to be able to:

（1）get factual information about Max's Christmas experience including activities, food and feelings.

（2）identify and generalize specific language for showing feelings and emotions.

（3）master the strategies of talking in authentic situations and share a festival experience with others.

总的来说，上述三个教学目标除了前面提到的表述笼统、难以评价等问题外，还有就是目标的维度不够全面，缺失了文化意识层面的目标。虽然并不是每一个课时都必须有文化意识层面的目标，但是本课聚焦于文化，是必须要有文化意识层面的目标的。此外，该教学目标也显然缺少高阶思维能力层面的目标设定。

（四）教学目标过于繁杂

笔者调研了某省高中英语优质课评比活动中参赛教师提交的教学设计，发现其中不少教师设计的教学目标过于繁杂，看似目标清晰，其实是为了写目标而罗列目标。究其原因，一方面可能是教师研读文本时不够精准，另一方面可能是想要做到面面俱到，而未能选定恰当且聚焦明确的目标。例如，某教师在教授人教版高中英语必修二第四单元HISTORY AND TRADITIONS板块 Reading for Writing—Describe a place that you like 时，确定了如下教学目标。

Teaching objectives

Language competence:

（1）Students can recognize and master the words and expressions related to sensory details (S-D), such as a true feast for the eyes, the roar of the ocean waves and cries of the seabirds make up the music of the coast, etc.

（2）Students can know and identify the Hamburger Structure (Introduction-Body-Ending) of the text, then master it and imitate it in a similar writing.

Learning ability:

（1）Students can flexibly use the sensory details (S-D), figures of speech and some specific words or examples when describing a place that they like.

（2）Students can analyze and conclude the five tips on how to be a good writer on scenery description with teacher's guidance.

（3）Students can create the body part of a passage describing beauty and traditions of nearby attractions by applying the five tips and with the expressions learned.

Cultural awareness:

（1）Students can deeply feel the beauty of English and Chinese language when enjoy the translations of the sensory details in the text.

（2）Students can relate to beauty and traditions in China after learning about those on Ireland, such as thinking of the Great Wall, Mount Tai, the Mogao Caves in Unit 1 and Qufu and Pingyao in this unit.

（3）Students can reflect on and focus on the historical and cultural values of domestic and especially nearby attractions, enhancing native cultural confidence and building up proper pride of national culture.

Thinking quality:

（1）Students can observe, analyze and conclude the language features, such as sensory details, figures of speech, and transitional sentences, etc.

（2）Students can understand and then summarize the hidden clue in this text—Beauty among words and between lines, nourishing the strong traditions of Ireland.

（3）Students can have a peer evaluation of the first draft and offer improvement suggestions based on the given checklist.

（4）Students can acknowledge the beauty of the world first and further explore how to promote local culture by using what they have learned in this class.

该例子中学习能力维度的目标表述均不恰当，它们并不属于学习能力维度的目标，其中，"Students can flexibly use the sensory details (S-D), figures of speech and some specific words or examples when describing a place that you like." 和 "Students can create the body part of a passage describing beauty and traditions of nearby attractions by applying the five tips and with the expressions learned." 属于语言能力维度的目标，而 "Students can analyze and conclude the five tips on how to be a good writer on scenery description with teacher's guidance." 属于思维能力维度的目标。另外，学习能力维度的目标在本课时中可以不设定。文化意识维度的目标可以有，但不需要如此复杂，归纳整合成一个目标即可。思维能力维度的目标也需要整合概括，可以尝试调整为：Students can analyze and figure out the language features of the text; Students can evaluate their peer's work with the help of the given criteria。其中许多表述也存在笼统、模糊、不可操作、难以评价等问题，如"Students can deeply feel the beauty of English and Chinese language when enjoy the translations of the sensory details in the text." 和 "Students can understand and then summarize the hidden clue in this text——Beauty among words and between lines, nourishing the strong traditions of Ireland." 等。

三、教学目标制定的依据和原则

教学目标是教学设计的第一要素，是教学活动的起点和落脚点，是明确教学重点、组织课堂活动和评价学习活动的重要依据，具有导教、导学和导评的作用。教学目标制定得是否科学、合理，直接关系到英语课堂教学质量的好坏。

（一）教学目标制定的依据

无论是单元目标还是课时目标，教学目标的制定通常有三个依据：一是分析课程标准的要求；二是分析教材内容；三是分析学情。

1.课程标准分析

课程标准是实现国家教育目标的核心载体，也是教师确定单元教学目标和课时教学目标的依据。教师要分析课程目标和内容标准等，尤其是英语学科核心素养水平在具体课时里的层级要求，例如，《高中英语课程标准》中语言能力的二级要求指出"在常见的语境中，较为熟练地整合运用已有的英语语言知识，理解多模态语篇传递的要义和具体信息，推断作者的意图、情感、态度和价值取向，提炼主题意义，分析语篇的组织结构、文体特征和语篇的连贯性，厘清主要观点和事实之间的逻辑关系，了解语篇恰当表意所采用的手段"。它与一级要求的不同点在于：一是所谓"常见语境"，不再是熟悉的语境；二是对已有的英语语言知识要整合性运用，对学生提出了更高的要求；三是强调推断隐含信息和提炼主题意义；四是要分析语篇的组织结构和文体特征。因此，教师要在深入理解课程标准的前提下，结合学段和学期特点以及教材编写者编写该单元和语篇的目的，准确解读不同素养水平在课时中的适切发展，避免盲目设定不切实际的素养目标。

2.教材分析

教师要深入研读教材，力求准确适当地解读教材，充分挖掘单元和课时教学所承载的特定具体的语言能力目标、学习能力目标、文化意识目标和思维品质目标。

例如，某教师在设计译林版高中英语必修二第三单元拓展阅读课 A PRECIOUS FAMILY DINNER 的教学目标时，对所教授的教材进行了深入研读，具体内容如下。

语篇研读：

本单元的主题语境是"人与社会"，话题是"节日与风俗"，涉及的语篇类型有视频、旅行日记、专题文章等。单元"大观念"为了解各国不同的风俗和文化，理解文化内涵，比较文化异同，坚定文化自信。本课时的"小观念"为讲好春节故事，厚植家国情怀。

［What］本板块围绕单元话题，以"珍贵的年夜饭"创设情境。语篇描述了主人公罗言携妻儿回老家与父母欢度春节的一幕幕欢乐场景——现代化的交通工具让年轻人回家看望父母不再是件难事；剪窗花、贴春联、挂年画，传统的民俗活动把过年喜气洋洋的氛围渲染得更浓；看春晚、吃饺子、送祝福，全家三代同堂，团团圆圆，凸显了节日背后"家"的观念；放鞭炮、燃烟花、道心愿，举国同庆中国年。从个人到小家庭再到祖国这个大家庭，语篇很好地诠释了"家是最小国，国是千万家"的理念，国家富强最终体现在千千万万家庭的美满幸福上。

［Why］本版块的语篇是一篇专题文章，不同于基于事实和时效的新闻报道，专题文章更为深入地讨论新闻故事背后的现象与问题。课文的明线是罗言一家的年夜饭，实则通过象征家庭团圆的年夜饭，向学生传递核心

价值观的深刻内涵，具有思政育人的重要意义。具体体现在：第一，罗言携妻儿不远千里归家、父母为迎接孩子尽心准备，以及罗言对三代同堂的美好希冀，体现了烙在中国人心底的对家的归属感，使得学生更为深刻地审视文化内涵。第二，罗言归途方式的变迁、阖家团圆的欢乐场景，体现出国家综合实力的日益强大为千万家庭的团聚提供了保障，进一步帮助学生增强文化自信。第三，联系现实生活，罗言的家庭是千万中国家庭的缩影，为了更多家庭的团聚和团圆，仍有很多奋斗一线、坚守岗位的人们，他们舍小家为大家的家国情怀值得我们敬佩与学习。

[How]拓展阅读文本的学习应将语言应用和主题意义探究深度融合。该语篇通过对一个普通中国家庭回家过年的情景描述，以叙事的方式介绍了中国家庭辞旧迎新的一系列传统活动，表达了作者对春节团圆所承载的文化意义与家国观念的推崇之情，以及对传承中华民族精神根脉的期待。文本结构清晰，语言简单，叙事生动。在分析文本时，教师可引导学生从以下视角解读文本。一是巧妙的谋篇布局：作者通过倒叙的写作手段，巧妙地引入叙述话题，吸引读者的阅读兴趣；通过饭中、饭前、饭后不同场景的刻画，使得学生充分体验文本情境。二是生动的写作技巧：作者用细节词代替笼统词，形象具体地刻画了人物动作和节日氛围；丰富的情感表述贯穿全文，每一场景的描述无不透露着家人团圆的愉悦心情，值得学生模仿并应用。三是深刻的主题意义：深厚的家国理念隐于文字背后，个人命运、家庭团圆、国家昌盛三者相存相依的主题虽在文章最后出现，但全文对于人民物质生活和精神生活变迁的阐述，暗含了个人梦想与国家梦想之间的内在联系，提示青年学生在传统文化的学习中厚植家国情怀。

同时，教师还基于语篇主要内容和文体结构，整合出该语篇的信息结构图（如图3-1）。

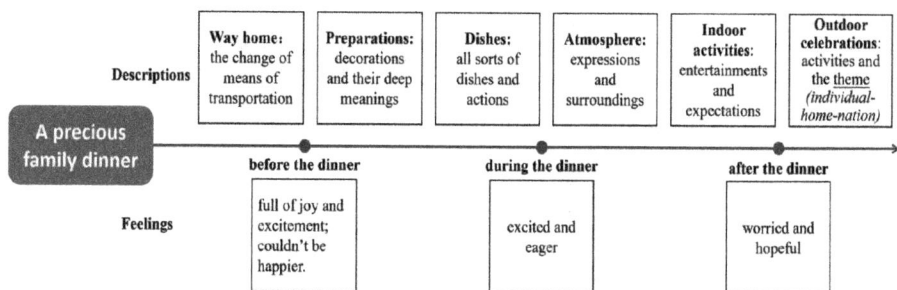

图 3-1 语篇 A PRECIOUS FAMILY DINNER 的信息结构

教师在深入研读教材和分析学情的基础上，制定了如下课时教学目标。

教学目标：

学生在学习完本篇专题文章后，应该能够：

①获取、梳理、描述罗言一家年夜饭的事实性信息（饭前归家和准备、饭中情景与氛围、饭后活动与规划、主人公的情绪）。

②分析和阐释文本的写作特点（用词生动、情感丰沛、蕴含深意）。

③整合文本信息和写作特点，小组合作为春节纪录片撰写旁白并配音，讲述中国春节的故事。

④理解中国年夜饭的深刻内涵，通过短句写作表达对家的看法。

⑤总结个人梦想、家庭团圆和民族梦想之间的联系。

教师从单元整体视角，深入细致解读了语篇的主题意义、核心内容，语篇的深层内涵、所承载的价值取向，以及语篇的文体特征和内容结构，语篇的编排、段落之间的关联，以及语言特点等方面，为后面制定聚焦明确的、适切的教学目标奠定了坚实基础。

总之，精准的教材分析可以使教师确认单元内部各个部分之间的逻辑关系，有助于教师制定单元教学目标和各个课时的教学目标，从而实现核心素养四个维度具体化目标的融合性、连贯性和一体性，也能够在一定程度上帮助教师在单元内或者跨单元整合教学资源，有效实施教学。

3.学情分析

学情分析包括贯穿教学全过程的课前、课中和课后学情分析。教学目标的制定主要是依据课前学情分析，教师可以采用问卷或访谈，或者两者相结合的方式进行课前学情分析。例如，某教师在教授2019年北师大版高中英语选择性必修三第七单元第三课 MEET THE NEW BOSS: YOU 时，经过问卷调查和访谈班级部分学生，分析收集的数据后，作了如下学情分析。

学情分析：

①在主题知识储备方面：83%的学生对于未来职业的话题稍显陌生，对造成职业发展和改变的原因没有系统的认知。

②在语言知识和技能方面：虽然92%的学生能够列举简单的职业名称，但是近65%的学生在谈论和描述未来职业时缺少相关语言知识的支撑。

③在思维品质发展方面：78%的学生认为他们在阅读中能够体会作者在文本中使用的讽刺、夸张和诙谐幽默的表达方式，思考文本所传达的思想，体悟作者在标题处所指的新老板是自己这一表达的寓意。但是56%的学生在表达对于未来职业的观点和看法时缺少批判性思考，大约80%的同学不清楚未来职业的发展趋势，且不能规划自己的未来职业。

④在对话题的兴趣和阅读预期方面：95%的学生表达了对该话题的浓厚兴趣，渴望了解未来职业的发展趋势，以及规划自己未来的职业选择。

教师在实施了相对全面和恰当的学情分析后，结合对教材的分析，制定了如下教学目标。

教学目标：

在本课学习结束后,学生能够：

①梳理、概括、整合有关引起职业变化的具体原因及应对措施。

②归纳总结文本结构,评判标题含义,提炼文本主题意义。

③谈论为适应未来职业发展趋势,自己具有的优势与可提升之处。

④分享未来职业选择及其理由。

该学情分析在内容维度方面客观全面,可信度高,能基本反映出学生目前英语学习的真实情况,教学目标的制定也基本上与学情分析的指向一致。

总之,学情分析既有助于教师从整体上把握学生的学习现状,了解学生的学习需求,也有助于评估学生学习的效果和收获情况。

(二) 教学目标制定的原则

教学目标应该是教师"教"的目标与学生"学"的目标的完美融合,是教师在深入研读语篇和精准分析学情的基础上,从学生主体视角出发制定的,关于学生在某个特定课时结束后在学科核心素养具体层级方面需要完成的要求。制定指向学科核心素养的教学目标应该遵循下面两个基本原则。

1.综合性原则

英语学科核心素养包括语言能力、文化意识、思维品质和学习能力四个维度,它们是相互关联,融合发展的。[①]教学目标的制定应该综合核心素养的四个维度,根据具体课型和语篇特点有所侧重和取舍,以引导学生在复杂的社会情境中运用语言完成相应的学习任务。例如,学习能力和文化意识维度可依据特定语篇来取舍。一个课时完成后,学生的学习成果不应该是单一的,而应该是多元的、综合的。这种综合性成果或表现在梳理事实性知识(指学生通晓一门学科或解决其中的问题所必须了解的基本要素)、程序性知识(指做某事的方法,以及使用技能、算法、技术和方法的准则)和概念性知识(指在一个更大的体系内共同产

---

① 张宏丽:《以核心素养为导向的英语教学目标设计》,《中小学外语教学》(小学篇)2023年第2期。

生作用的基本要素之间的关系）的基础上，将概念性知识作为核心素养的载体。[①]例如，某教师在教授人教版高中教科书英语必修二第二单元WILDLIFE PROTECTION 板块 Reading and Thinking—Learn about protecting endangered animals 时，确定了如下教学目标。

教学目标：

在本板块学习结束时,学生能够:

① 借助图片、折线图、视频等多模态语篇,感知、获取保护藏羚羊的背景信息。

② 通过问题链,从 Bad times、扎西和其理念、措施、成效、Good times 等方面梳理、概括与整合文本的事实性信息,并绘制思维导图。

③ 分析推断信息间的逻辑关系,描述与阐释文本中的三个改变。

④ 通过小组合作探究,评价作者改变生活方式与自然和谐共生的观点和态度,思考个人参与野生物种保护的方式。

该教学目标中的①和②都是指向语言能力维度的具体目标，属于事实性知识。目标③和目标④融合了学习能力和思维品质两个维度的具体目标。通过这一课时的学习，学生达成上述目标，逐渐从获取事实性知识发展到形成人与自然和谐共生的概念性知识，从而提升学科核心素养。

2.实践性原则

教师在制定教学目标时要遵循实践性原则，实际上就是指以核心素养为导向的教学目标必须是切合实际的、具体的、可操作的、可观测的和可评价的，要与《高中英语课程标准》中高中英语学业质量水平的要求一致。

一是要对照高中英语学业质量水平的要求，使用具体的、可观测的、可评价的行为动词来制定教学目标。下面以一则教学目标修改前后的变

---

① 国赫孚:《教学目标设计四步曲:基于核心素养的教学目标设计》,《基础教育课程》2019年第21期。

化加以说明，如表3-1所示。

表3-1 教学目标的修改

修改前	修改后
By the end of this period, students will be able to: ①know the process of how Egypt solved the problem. ②explain the process of solving a problem. ③know the importance of cultural heritage protection and teamwork spirit.	By the end of this period, students will be able to: ①identify, summarize and list the key facts of the process of how Egypt solved the problem with a graphic organizer. ②analyze and describe the process of solving a problem. ③assess the impact of cultural heritage protection.

修改后的目标中用了具体的、可测的和可评价的行为动词。修改前的教学目标①和教学目标③中的"know"（知道）属于心理认知词汇，是内在的感觉，不具备可观测、可操作、可评价的属性，将其分别改为"identify"（确认）、"summarize"（总结）、"list"（罗列）以及"assess"（评估）。修改前的教学目标②中"explain"（解释）是可操作和可评价的行为动词，之所以调整为"analyze"（分析）、"describe"（描述）是为了体现活动的内在逻辑关系，即学生在学习理解类活动的基础上，梳理、整合和概括了埃及解决问题的关键信息，再深入文本来分析解决问题的关键要素；然后，学生参与应用实践类活动，通过阐释其过程来巩固和内化结构化知识。

根据认知过程，教师可以用以下行为动词来描述教学目标，如表3-2所示。

表3-2 描述教学目标的行为动词

认知过程类别	行为动词
记忆	collect（收集），identify（辨认），list（罗列），define（下定义），record（记录），select（选择），recognize（识别），name（命名），label（贴标签），recall（回忆）……

认知过程类别	行为动词
理解	clarify(澄清),paraphrase(释义),describe(描述),translate(转化),illustrate(说明),classify(分类),summarize(总结),infer(推断),conclude(断定),predict(预测),compare(比较),contrast(对比),match(配对),explain(解释)……
应用	use(使用),apply(运用),demonstrate(示范),complete(完成),modify(改变),articulate(表达),report(报告)……
分析	analyze(分析),discriminate(辨别),distinguish(区分),integrate(整合),outline(概述),structure(构成),deconstruct(解构)……
评价	evaluate(评估),assess(评价),check(检查),test(检验),judge(判断),criticize(批判),appraise(鉴定)……
创造	create(创造),generate(产生),design(设计),construct(建构),produce(生成)……

二是基于英语学习活动观制定课时教学目标。《高中英语课程标准》指出，英语学习活动观是指学生在主题意义引领下，通过学习理解、应用实践、迁移创新等一系列体现综合性、关联性和实践性等特点的英语学习活动来发展英语学科核心素养。三大类型活动在认知过程层面是阶梯式的，层层递进的，由低阶思维发展到高阶思维。例如，某教师在教授2019年北师大版高中英语选择性必修二第四单元第二课 WHY DO WE NEED HUMOR?时，确定了如下教学目标，可供读者参考。

Teaching objectives

By the end of the class, students will be able to：

①identify and collect key information about the benefits of humor in the speech.(Learning Comprehension Activities）

②use the skills of raising questions to draw attention.(Application and Practice Activities）

③introduce the benefits of humor with the help of a mind map.（Application and Practice Activities）

④express opinions on the speaker's ideas and talk about more benefits with their own experience.（Transference and Innovation Activities）

四、阅读课教学目标设计范式

鉴于制定教学目标要遵循的综合性和实用性两大基本原则，为了指导一线英语教师更有效制定教学目标，笔者尝试构建了学习活动观视域下指向学科核心素养的教学目标设计范式，如表3-3所示。

表3-3　学习活动观视域下指向学科核心素养的教学目标设计范式

核心素养着力点	教学目标	活动类型
语言能力(必有项目)		
思维品质(必有项目)		
学习能力(可选项目)		
文化意识(可选项目)		

该范式综合了英语学习活动观的三大类型活动和英语学科核心素养的四个维度内容。三大类型活动体现了认知过程的不同类别，由低阶到高阶递进的认知过程，即记忆、理解、应用、分析、评价和创造六个类别，其中记忆与知识的关系最为紧密，其他五个认知类别与迁移的关系越来越紧密。

当在具体课时里制定与四个维度相应的具体的素养水平发展目标时，其中语言能力维度和思维品质维度在设计任何一个课时时都是必须要有的目标项目。学习能力维度是可选目标项目，学习能力是指学生积极运用和主动调适英语学习策略、拓宽学习渠道、努力提升英语学习效率的意识和能力。学习能力在学生进行英语实践活动中是无处不在的，它融入语言能力和思维品质的发展之中，在学生发展语言能力和思维品质的过程中能够保持，以及适时得到可能的发展。因此，在描述教学目标时，学习能力可以不单独阐述。文化意识维度可以根据具体语篇的特点，选择性制定相应的具体目标项目，有的语篇则可以根据实际情况省略。思维品质维度指的学生运用逻辑性思维、批判性思维或创新性思维进行的英语实践活动，与语言能力维度密不可分。教师在制定目标时不必非要分清某一目标究竟属于语言能力维度还是思维品质维度，因为语言能力的发展离不开思维品质的参与，同样在促进思维品质提升的英语实践活动中也一定少不了语言能力提升的伴随。

例如，某教师在教授2019年北师大版高中英语必修二第六单元第一课 A MEDICAL PIONEER 阅读课文时，依据"学习活动观视域下指向学科核心素养的教学目标设计范式"确定了以下教学目标，如表3-4所示。

表3-4　语篇 A MEDICAL PIONEER 的教学目标

核心素养的着力点	教学目标	活动类型
语言能力	1.通过略读文本，了解篇章大意，并梳理文章结构。	学习理解类
	2.精读文本，获取、梳理篇章中有关屠呦呦发现青蒿素、获得诺贝尔奖的事实性信息。	学习理解类
思维品质	1.分析、讨论、总结屠呦呦的优秀精神品质，联系自我，思考个人应以怎样的态度迎接未来的挑战，成为像屠呦呦那样令人钦佩的人。	学习理解类
	2.整合所学，为屠呦呦设计一份海报，并向他人介绍屠呦呦。	应用实践类
学习能力	分角色扮演，完成一次与屠呦呦的现场采访。	应用实践类
文化意识	学习国内外令人钦佩的人的优秀品质，并且能够运用所学知识点介绍他们，热爱祖国，关心时政，学会竞争与合作，增强自信心和集体荣誉感。	迁移创新类

第四章　践行英语学习活动观

　　《高中英语课程标准》明确指出，普通高中英语课程的总目标是全面贯彻党的教育方针，培育和践行社会主义核心价值观，落实立德树人根本任务，在义务教育的基础上，进一步促进学生英语学科核心素养的发展，培育具有中国情怀、国际视野和跨文化沟通能力的社会主义建设者和接班人。普通高中英语课程重视培育学生的学科核心素养，要求把语言、文化和思维的发展融为一体，力求解决语言与文化、语言与思维割裂的问题。

　　为了适应新时代、新形势的发展需求，更重要的是为了确保普通高中英语课程目标能在具体课堂教学实践中落地生根直至有效实现，《高中英语课程标准》第一次提出了具有中国特色的教学主张和实施路径——英语学习活动观，以实现目标、内容和方法的统一。英语学习活动观是落实立德树人根本任务、培养英语学科核心素养的基本教学组织形式和重要途径。

一、英语学习活动观的内涵

　　英语学习活动观是适应新时代、新形势发展需求,为实现核心素养培养目标而提出的一种解决方案。这一教学主张的核心是以育人为导向，以核心素养为目标，以学生为主体，由师生共同参与的一系列层层递进、相互关联的活动。

英语学习活动观的落地和具体实施是指，在课堂环境中，学生在英语教师的指导下，围绕真实问题情境，以具体语篇为依托，以主题意义为引领，通过学习理解、应用实践、迁移创新等一系列体现综合性、关联性和实践性等特点的英语学习活动，基于已有知识，在解决生活中真实问题的过程中，运用学习策略，达到学习语言知识、发展语言技能、理解文化内涵、提升思维品质和价值判断力的目的。这一过程既是语言知识与语言技能整合发展的过程，也是文化意识不断增强、思维品质不断提升、学习能力不断提高的过程。

英语学习活动观以培养学生英语学科核心素养为目标，强调活动过程中以学生为主体、师生共同参与意义建构，方法上遵循认知发展规律、注重生成性，评价上指向学生的能力表现，是与新课程相适应的教学体系。基于英语学习活动观，教师可设计层次递进、意义关联的综合性探究活动，引导学生建构并内化新知，促进知识转化为能力与素养。英语学习活动观不仅成为一线中学英语教师开展英语学科教学的指南针，也为教师设计、组织、实施和评价教学活动提供了具体指导。

二、英语学习活动观的构件

英语学习活动观视角下的活动包含三类相互关联、层层递进的学习活动，即学习理解类、应用实践类和迁移创新类活动，每类活动中又各包含三种活动形式。图4-1是英语学习活动观的构件，即构成英语学习活动观的核心元素以及彼此之间的内在逻辑关系。

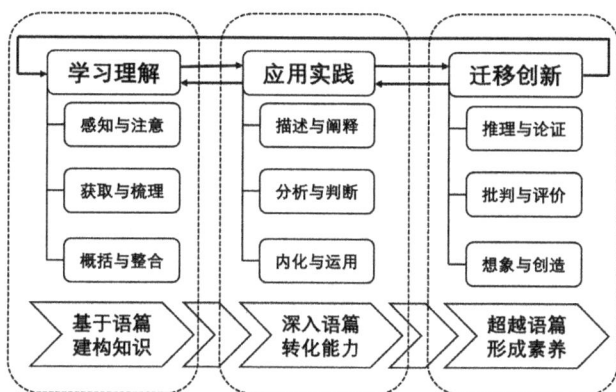

图 4-1 英语学习活动观的构件

由图可以看出，学习理解类活动由感知与注意、获取与梳理、概括与整合三种基于语篇的学习活动组成。学生参与真实主题情境，通过激活与主题有关的知识，铺垫必要的语言知识和相关背景知识，明确要解决的问题，在已有知识经验和即将学习的主题之间建立关联，发现自己在主题内容、语言基础和认知等方面存在的差距，提升学习兴趣并形成积极的学习期待。在教师的指导和帮助下，学生以解决真实生活中的问题为抓手，通过获取与梳理、概括与整合等学习活动，从语篇中获取与主题相关的语言和文化新知，建立信息间的关联，将新旧知识整合，形成围绕主题的结构化知识，为接下来深入探索语言所表达的意义和语篇所承载的价值取向作好铺垫。

应用实践类活动主要包括描述与阐释、分析与判断、内化与运用等深入语篇的学习活动。在学习理解类活动的基础上，学生在教师的帮助下，基于所形成的结构化知识开展描述、阐释、分析、判断、应用等聚焦交流与表达的实践活动，内化语言和文化知识，加深对文化内涵的理解，巩固结构化知识，促进知识向能力的转化。从学习理解到应用实践的进阶可以一次性完成，也可以多次循环后完成。

迁移创新类活动由推理与论证、批判与评价、想象与创造等超越语篇的学习活动构成。在这个阶段，学生把握语篇的文体特征和结构特点，探索语篇的交际目的、组织结构、衔接手段和语言表达特点等。同时，

第四章 践行英语学习活动观

在教师的指导下，针对语篇背后的价值取向和作者或主人公的态度、观念和行为，开展推理与论证、批判与评价等活动，加深对主题的理解，把握事物或观点的本质，鉴别真善美，作出正确的价值判断和行为选择。在此基础上，学生将所学语言、观点、思想和方法应用于新的真实生活情境，联系自身生活实际，通过自主、合作、探究的学习方式，创造性地解决新情境中的问题，理性表达情感、态度和观点，体现正确的价值观，实现能力向素养的转化。

从英语学习活动观的构件可以看出，其具有整合性、关联性、层次性、融合性、实践性和发展性等内在特征。整合性是指活动观强调语言学习要围绕主题意义，整合语言知识和文化知识。关联性是指语言学习的过程是学生将所学内容与已有知识和经验建立关联，同时在零散知识之间建立关联并形成结构化知识的过程。层次性体现在活动观强调教师采用"小步子循环"的教学方式，围绕要解决的问题，从学习理解到应用实践，循序渐进地帮助学生建构意义和内化知识，再到迁移创新，从而将所学知识、思想和方法运用于解决真实生活情境中的问题。融合性强调语言学习与文化知识学习的紧密融合，语言意义与语言形式的学习并举，将语言学习融入语篇、语境、语用之中。实践性体现在其强调以活动为中心，以学生为主体，通过主动参与获取与梳理、概括与整合、描述与阐释、分析与判断、内化与运用、推理与论证、批判与评价、想象与创造等实践活动，发展语言能力、文化意识、思维品质和学习能力。发展性是指活动观适用于学生学科核心素养不同阶段的发展，适用于不同主题、不同语言难度和不同认知层次的语篇学习和意义探究，始终服务于学生的全人发展。①

---

① 高晓芳、许文梅：《基于核心素养的初中英语阅读教学导入策略研究》，《中小学外语教学》（中学篇）2019年第8期。

三、阅读教学中的三类活动设计

（一）学习理解类活动设计

学习理解类活动主要包含感知与注意、获取与梳理、概括与整合等活动，旨在引导学生捕捉、辨识语篇的主题和主要内容，获取、梳理并概括语篇传递的事实性信息，帮助学生在学习语言的同时，围绕语篇主题建构结构化知识。下面分别探讨这几类活动的设计和需要关注的问题。

1.感知与注意层面活动

感知与注意活动旨在让学生将已有知识经验与学习主题建立关联，发现认知差距，形成学习期待。在阅读中激活已有知识是第一步。学生已有的知识包括其生活经验、语言知识、文化知识、话题知识等许多方面。教师要创设与主题关联性强、贴近学生真实生活的情境，以充分激活学生与主题相关的知识和背景信息，让学生感知到信息差和知识缺位，进而激发学生学习的动机和动力。下面我们通过几个案例来看看感知与注意活动设计的关注点。

案例1　译林版高中英语选择性必修三第四单元拓展阅读课文 FOLLOWING THE SILK ROAD 感知和注意活动设计。

Think and Talk

①Teacher greets students as usual and invites students to talk about their plans for the coming winter holiday.

②Teacher has a travelling plan for her winter holiday. Students watch the video given by the teacher and answer where the teacher plans to go.

③With the aid of the travelling route, teacher introduces the topic "the Silk Road".

该案例中，教师希望通过学生谈论他们自己的寒假旅行安排以及与学生分享自己的寒假旅行计划来引入阅读语篇话题"丝绸之路"。学生可能对假期安排十分憧憬，也可能会讨论得兴趣盎然，气氛活跃，但是该活动与目标语篇的主题关联性不强。另外，观看教师的寒假计划视频，学生并不一定会对这一活动感兴趣，因为一个成年人的寒假安排跟他们的生活情境并不同轨。所以说，这样的活动未能有效激活与主题和内容相关的知识和语言表达，没有实现感知与注意活动的意图。

案例 2 人教版高中英语必修二第一单元 Reading and Thinking—From Problems to Solutions 感知与注意活动设计。

Think and Talk

①Ask students for advice on where to go.

②Get students to guess a country from the architecture drawn on the black-board, and then show them a tiny pyramid model.

③Show the following two pictures about Egyptian cultural relics and let students predict the problem that Egyptian cultural relics are facing.

（设计意图：从日常话题出发，旨在活跃学生的思维，激活学生的知识背景，引导学生了解文化遗产这一概念，引起阅读期待）

案例 2 和案例 1 有一个共性问题，即活动的指向偏离目标语篇的主题，尤其是活动①和活动②与语篇主题几乎没有多少关联性，激活不了学生与目标语篇有关的话题背景、语言储备，学生也很难发现认知差距，对阅读语篇的期待值不会太高。除此以外，活动③让学生预测埃及的文化遗产所面临的问题，根据设计者提供的图片可以看出，图中的文化遗产面临得不到保护，以及人为破坏的问题。看起来该活动与阅读语篇主题相关，但实际这只是表面化和浅层次的关联，因为目标语篇的主题是"解决区域发展和文化遗产保护的困境"，以期既能发展好该地的经济和工程建设，又能有效地保护好珍贵的文化遗产，达到双赢。由此看来，活动③也不能真正关联语篇主题，未能帮助学生发现真正的问题，不能促成学生形成阅读期待。

因此，根据感知与注意活动的目的，教师设计活动需要遵循两个基本原则：一是活动的情境要真实，贴近学生的生活实际。这样的活动才能使学生有话可说，有感而发，才有可能激活学生与主题有关的已有知识、经验和语言表达。二是活动要聚焦主题意义，要与目标语篇主题密切关联。活动不能只是为了激发兴趣和活跃气氛，呈现表面上的联系，而是要和目标语篇的主题高度关联，这样才能真正起到激活的作用，帮助学生将已知经验与学习主题建立关联，发现认知差距，形成学习期待。

感知与注意活动环节的时长原则上应控制在5分钟以内，精准的活动设计不仅有助于实现目标，更重要的是为顺利开展下一个环节的学习作好铺垫。下面，我们将探讨以下几种常见的感知与注意活动的设计。

（1）"头脑风暴"活动。

头脑风暴活动是指学生集思广益，就相关主题进行自由思考和表达。教师要创设积极、轻松的课堂氛围，让更多的学生有机会参与。为了活动的指向与主题高度关联，教师要对头脑风暴活动稍作调整，使活动更聚焦。以下面的一项"头脑风暴"活动为例加以说明。

Brainstorming

What activities are big parts of your life?

☐To chat with friends online

☐To surf the Internet

☐To find information on a search engine

☐To do school work

☐To go running

☐To play sports

☐To read books

☐To play computer games

☐To do voluntary work

教师不是简单地给出关键词"activities"让学生来进行头脑风暴，而是紧密结合阅读语篇的主题"生活方式"，让学生谈论自己生活中重要的活动，同时为了充分激活学生的已有经验和语言储备，提供了一些参考示例。这样的活动有助于调动学生的思维，活跃课堂氛围。学生通过分享、交流和倾听可以激活已有知识，明确认知差距，激发阅读期待。

另外，教师在感知和注意活动环节可以借助活动情境适时处理部分语言知识，例如预教跟主题有关的单词、短语或句子等，但是选择预教的内容一定要有聚焦，控制数量，不能把教材后面词汇表中的单词进行一一讲解，甚至细致教学。上面的活动中，学生可以预学部分关键词汇，如 chat（聊天），surf the Internet（网上冲浪），voluntary（志愿的），addict（对……着迷的人），social media（社交媒体）等。教师可以从语篇中挑选一些重要语言表达引导学生来预学，这样不仅使学生学习了语言，还能帮助学生在已知和未知之间建立联系，促进已知的激活。

再如，教师在教授一篇关于旅行日志的文章时，设计了如下感知与注意活动。

Brainstorming

Students think about what elements should be included in a travel journal.

有时教师在设计活动时，一方面要考虑到学生已经学习过、掌握并且能运用的知识，通过活动来进一步激活。另一方面要考虑学生在母语学习中获得的知识，通过活动实现母语学习中的相关知识向外语学习的正迁移，同时达到激活已知的作用。学生在语文课上学习过旅行日志类的文章，该活动能帮助他们了解旅行日志的篇章布局、主要内容和语言特点。

（2）多模态活动。

多模态指的是利用声音、图像、动作等多种符号资源和手段，通过视觉、听觉、触觉等多种感觉进行交际的方式。张德禄指出，多模态是指在一个交流中或活动中包含不同的符号模态，或者在一个特定文本中运用不同符号资源从而得以构建意义的一种方式。[①]罗兰·巴特在《图像的修辞》一文中指出图像在语言与表达意义上十分重要。在设计感知与注意活动环节，我们可以根据目标语篇的主题，选用适切的图片、音频、视频来辅助开展活动，多模态的手段更直观、更直接、更形象，有助于激发学生的阅读兴趣，提升活动的效率。例如，教授2019年北师大版高中英语必修一第一单元第三课，一篇关于志愿者教师的语篇时，教师可以设计以下活动。

Look and Talk

Look at the photo a and photo b. What do you think of the school? What would it be like to be a volunteer teacher there? Use the words and phrases to help you.

---

① 张德禄：《多模态外语教学的设计与模态调用初探》，《中国外语》2010年第3期。

dusty muddy challenging tough
small classroom / rooms
unstable power and water supplies

教师选用了两张图片，图片内容与语篇描述的内容完全一致，与文章主题高度关联。这样的感知与注意活动能有效帮助学生在激活已知的基础上建立与语篇主题内容之间的联系，有利于积极阅读期待的形成。此外，在活动实施过程中，在教师的帮助下，学生能够预学部分重要的语言知识，如：graduate from（从……毕业），apply（申请），eager（渴望的），unstable（不稳定的），muddy（泥泞的）等。

再如，在教授译林高中英语选择性必修一第一单元Reading部分，一篇关于疗愈食物的语篇时，教师可以设计如下活动。

View and Say

Students watch the following video and share their understanding of "comfort food".

教师通过视频向学生简要展示有关疗愈系食物的种类及特点，视频内容形象生动、引人入胜，很容易帮助学生调动已知，建立和未知的关联。

多模态资源的合理利用能激发学生学习的兴趣，促进学生已知的激活，同时也能给学生提供部分与阅读语篇有关的关键信息提示，能帮助他们有效地预测主题内容,为接下来的学习提供支持。

(3)背景分享活动。

背景知识对学生的阅读理解非常重要。铺垫必要的背景知识,尤其是学生不太熟悉话题的背景知识,或者是教材中文学作品节选文章的作者及其作品的背景信息,能促进学生更好地理解语篇主题、提炼主题意义、洞悉作者的写作目的等。例如,教授一篇介绍科学家屠呦呦事迹的阅读语篇时,教师可以设计下面的教学活动。

Watch and Share

①Students watch a video clip about Tu Youyou and then fill in the following gaps.

②Students share what they think of Tu Youyou after watching the video clip.

How much do you know about her?

- A mosquito-borne disease that kills over _____ people a year.
- A _____ researcher.
- A _____ winner.
- A _____ scientist.
- Find a cure for _____.
- Discover a life-saving drug called _____.

播放简要介绍了屠呦呦的生平、学习和研究经历以及其所取得卓越成就的视频。这样可以调动学生的视觉、听觉,既能激活学生对屠呦呦的已有了解和认知,也能让学生发现认知差距,并在一定程度上获得更多关于屠呦呦的背景知识,同时,也能高效地激发学生的阅读兴趣。

再如,教师在教授外研版高中英语必修三第五单元 Developing ideas 部分,一篇改编自小说《海底两万里》的语篇时,可以设计如下活动。

①通过"智慧课堂"系统,学生打开教师提供的网址,自主阅读。

• https://kids.kiddle.co/Jules_Verne

• https://kids.kiddle.co/Twenty_Thousand_Leagues_Under_the_Sea

②学生分享所获取的关于 Jules Verne 及其作品的背景知识,并交流对 Jules Verne 及其作品的看法。

利用互联网资源来辅助教学,是值得推荐的。互联网虽然资源丰富,但是,教师在备课时要精挑细选适合学生查阅的资料,要确保网上资料的客观性和科学性,更要确保该资料不能含有任何负面信息和意识形态问题。

就作者 Jules Verne(儒勒·凡尔纳)及其作品而言,也许学生早已通过其他渠道了解了这位知名作家和他的代表作,用母语谈论其相关信息没有任何障碍。但是,要用英语来输出这些信息仍是较大的挑战。他们缺乏相应的语言储备和支撑,所以教师给学生推送鲜活的语言材料能起到一举多得的作用。

(4)预测联想活动。

预测联想是阅读教学常用的活动方式之一。在阅读中,读者积极、主动地对文章内容和结构进行预测是提高阅读效率的重要方法和手段。①《高中英语课程标准》在语篇知识、语言技能和学习策略三个方面都对阅读预测做了明确的要求。在语篇知识内容方面,必修类别的要求是:通过语境预测语篇内容,通过语篇的内容推测语篇发生的语境。在语言技能内容方面,必修类别的要求是:根据语篇标题预测语篇的主题和内容;选择性必修类别的要求是:根据语篇标题预测语篇的体裁和结构、根据语境线索或图表信息推测语篇内容、通过预测和设问理解语篇的意义。在学习策略内容方面,必修类别的要求是:根据篇章标题、图片、图表和关键词等信息,预测和理解篇章的主要内容;选择性必修类别的要求是:在听和读的过程中,借助情景和上下文猜测词义或推测段落大意。

学生进行预测联想活动时,需要主动调用与主题有关的已知信息、

---

① 高晓芳、许文梅:《基于核心素养的初中英语阅读教学导入策略研究》,《中小学外语教学》(中学篇)2019年第8期。

经验和语言储备，对新知开展预测能有效激发学生的好奇心和阅读兴趣，使阅读的过程指向更明确、更聚焦。预测联想活动也有助于培养学生的逻辑思维能力、批判性思维能力甚至创新性思维能力。教师要在预测环节帮助学生建构结构化知识，形成语篇意识，帮助学生整体把握阅读语篇的主题内容。要使预测联想活动达到预期效果，教师在设计活动时需要遵循以下几个原则。

第一，预测联想活动要基于文体特征。在预测联想环节，教师要引导学生关注文体特征。例如，教师在教授2019年北师大版高中英语必修二第六单元第一课语篇 A MEDICAL PIONEER 时，首先，可以引导学生关注文章的标题、图片，预测文章的文体为新闻报道；然后，根据新闻报道语篇的特征，引导学生预测文章的基本结构是导语部分、正文部分和结尾部分，而且文章的发展特点是倒金字塔结构，即文章是按照内容重要性从最重要信息到次重要信息进行分布的；还可以让学生进一步预测导语部分会谈论什么内容，文章主体部分可能会包括哪些内容等。

议论文体的写作目的就是要说服读者赞同作者的观点或看法。通常议论文的篇章结构是：提出问题——分析问题——解决问题。议论文的首段通常提出要讨论的问题或观点，文章主体部分为论据，对提出的问题或观点进行细致分析和论证，末段通常是总结部分，重申作者的观点或见解。再如，2019年北师大版高中英语必修二第四单元第三课 INTERNET AND FRIENDSHIPS 是由两篇议论文组成，分别是 The Internet Harms Friendships 和 The Internet Helps Friendships。以第一篇课文为例，教师可以引导学生阅读文章的标题 "The Internet Harms Friendships"，以及文章的首段 "While the Internet can bring people closer together, it can also harm friendships"，让学生清楚作者关于互联网和友谊关系的观点，即互联网对友谊有害。接下来，教师让学生站在作者的立场，预测作者会提出哪些论据来论证自己的观点。

记叙文的写作目的是通过描述人物、事件、场景等，来表达作者的观点、情感、态度或思考，从而感染读者，引起读者的共鸣或思考。记叙文开头通常会呈现时间、地点和人物等事件发生的重要信息。文章通常采用顺叙、倒叙、插叙、夹叙夹议以及补叙等方式展开。例如，2019年北师大版高中英语必修二第五单元第一课 A SEA STORY 是一篇记叙文，讲述了作者在海上经历了一次生死的冒险故事。该篇文章采用了倒叙的方式，首段概述了主人公的经历和内心感受，然后文章主体部分交代了故事的背景，包括时间和地点以及主要人物，按故事开端、发展、高潮和结尾的顺序讲述了作者一次惊悚的海上之旅。在设计预测联想活动时，教师可以引导学生阅读文章的标题，看文章的插图，同时阅读文章的首段来预测故事的主要内容、主人公内心情感变化以及故事的结局等。

对于文体特征的预测有助于学生理解和把握文章结构、发展特点、主题内容，甚至是写作目的和语言特点，能够促进学生形成语篇意识。教师要打破固化的预测联想活动模式，不能一谈到预测就是让学生看文章标题、配图及图片文字说明等预测文章的主要内容。教师需要根据不同文体的写作目的、叙事模式和语言特征来选择不同的预测问题和方式，有针对性地引导学生使用预测策略，培养学生的文体意识。

第二，预测联想活动必须从学生视角设计情境和问题。从学生的视角设计情境和问题主要是指从真实生活情境的创设、学生的认知水平、提问的角度、语言和内容的支撑等几个方面来考虑。为了使学生获得使用英语的真实感、现实感和需求感，教师要为学生创设贴近他们生活经验的情境。从学生视角设计的预测联想活动更能体现学生的主体作用，发挥学生的探索主动性和思维的积极性，促进学生参与学习活动的热情。例如，教授2019年北师大版高中英语必修二第六单元第三课 THE SUPER-HERO BEHIND SUPERMAN 时，教师可以引导学生通过以下自主提问的方式来预测文章的主要内容。

Think and Find

What do you want to know about Christopher Reeve? Ask as many questions as you can and use the following diagram to help you.

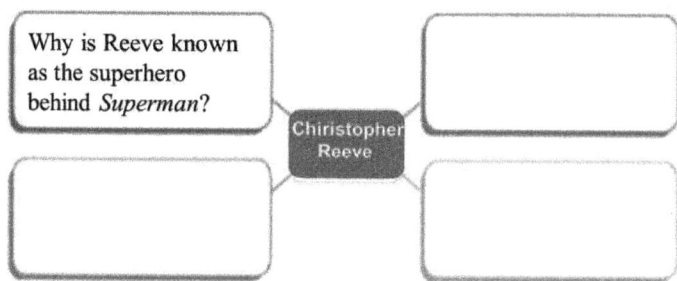

在自主提问的过程中，学生积极主动思考，激活已知和未知，创新思维，积极预测联想。这种从学生视角出发的预测活动要比被动预测的质量和效果更好。

再如，2019 北师大版高中英语必修三第九单元第一课 ACTIVE LEARNING 时，可以设计如下的预测联想活动。

Predict

If you were the author, what advice would you give to those who want to be an active learner with the help of the following diagram? (You'd better base your advice on your own experience and the features of your classmates who are active learners.)

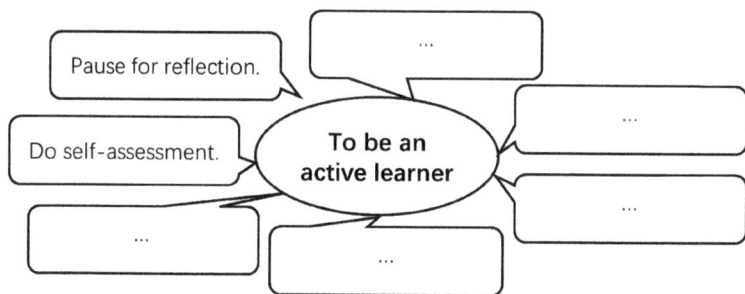

该活动设计立足学生视角，凸显其学习主体地位及学习责任意识，注重学生在学习活动中的真实体验和感受，能提高学生参与活动的积极

性，促进学生主动探索目标语篇，在激活已知的基础上建立与语篇主题的联系。

学生能够有效预测联想还离不开以学生实际认知水平为基础的活动设计，而对学生认知水平的把握则是建立在精准的学情分析基础之上的。在课堂教学环境中，教师可以根据学生的认知情况，必要时提供一些预测支持，比如说分享话题的背景知识等。

第三，预测联想活动要含有评价元素。《高中英语课程标准》指出，教学的过程同时也是评价学生学习效果的过程。三大类学习活动过程中的各个环节都离不开评价活动，都是落实教—学—评一体化理念的具体体现，所以预测联想活动环节也不例外。评价活动包括学生自评、同伴互评以及教师的评价，这三类评价活动应该贯穿于各个环节的全过程。比如，教师在预测前和预测中给予学生必要的提示、指导和帮助，同时鼓励学生开展自评和互评，预测后及时进行建设性的反馈，学生自评和互评。通过启动学生自评、互评和教师评价有助于教师进一步了解学生的已知储备和他们在思维能力水平等方面可能存在的不足，更精准把握学情，及时微调教学活动；同时学生在具有积极性和建设性的评价活动中能够建立自信，增强学习动机，提升学习效率。

2.获取与梳理、概括与整合层面活动

在感知与注意活动的基础上，获取与梳理、概括与整合活动旨在引导学生学习和运用语言知识和技能，汲取主题文化知识，建立信息关联，形成知识结构，感知并理解意义表达。这一层面活动的特点是强调在教师的指导下，学生作为主体积极参与意义建构并形成结构化知识，该活动同时也是学生发展思维能力的一个重要阶段。笔者在课堂观察和与同仁交流中发现不少教师虽对英语学习活动观的理念有所了解，但是在活动设计时还是存在一些共性问题，下面我们通过两个案例来简要说明。

案例1　2019年北师大版高中英语选择性必修三第七单元第三课MEET THE NEW BOSS: YOU教学设计片段。

Read for Gist

Students check the prediction and identify the main idea of each paragraph.

Analyze the Structure of the Text

① Divide the article into three parts.

Part 1: Jobs in the past (Para.1)

Part 2: Jobs in the future (Para.2–4)

Part 3: How to succeed in a 21st-century career (Para. 5)

② Students pay attention to the change of careers while reading.

Read for Details

① Students read Part 1 and find out some specific information to get familiar with the forms of traditional jobs. Analyze the job trend in modern society.

② Students read Part 2 and complete the table: find out the wrong assumptions, list the reasons, and put forward the correct actions they should take.

③ Students read Part 3 and watch a clip, thinking about some essential skills that are required if they want to succeed in a 21st-century career.

　　该教学设计片段属于学习理解类活动中获取与梳理、概括与整合层面的活动。设计者以自上而下的视角来处理阅读文本并设计活动，即从文章大意的获取再到细节信息的处理，一定程度上能照顾到语篇结构，但是在具体实施活动时很容易在操作层面割裂语篇的宏观和微观的组织结构，不利于学生形成结构化知识，也不利于学生语篇意识的发展。而且，该活动设计目前在中学阶段还具有一定的普遍性和典型性。还有不少教师设计的活动是让学生阅读一段回答几个问题，再阅读一段填一个表格，再阅读一段制作一个思维导图，直至读完最后一段。究其根本原因是教师觉得这样的活动可控性强，操作起来更简单。但是，这样的活动设计缺少主题意义引领，意义主线缺位，导致学生获取的知识碎片化，偏离了获取与梳理、概括与整合层面活动的宗旨。

　　案例2　2019年北师大版高中英语必修二第四单元第一课AVATARS

教学设计片段。

Read for details

Students read the text again and complete the following table.

	Headings	Details
Para. 1	Definition	A digital image that represents an internet user.
Para. 2	History	(1)In the 1980s: (2)By the late 1990s:
Para. 3	People use avatars to _____.	Examples: (1) (2) (3) (4)
Para. 4	People use avatars to _____.	Examples: (1) (2) (3)
Para. 5	_____	Examples: (1) (2)
Para. 6	People's _____	(1)Also, (2)However,

　　教师设计好信息结构图让学生来完成表格的活动设计目前也是普遍存在的。但是，这样的活动设计是以教师为主导的，实际上是教师将自己对语篇的研读成果直接呈现给学生，剥夺了学生主动研读语篇，探索信息的机会。这种设计虽然看起来，也是结构化呈现，但是这不是学生自主研读而建构的结构化知识。通常，这种设计使学生在获取梳理信息时，往往关注空格处在文章中相应位置的信息，容易产生碎片化信息，

忽视对语篇层面信息内在逻辑关系的探索和发现。而且，由于学生对语篇深层意义关注不够，因而高阶思维的参与度不高。类似的活动设计折射出教师对学生的主体地位的忽视，更多关注"教"，缺乏对学生"学"的深入考量。活动中学生因主动性受到影响，被动寻找教师在图表中预设的答案，失去了自主建构语篇意义和形成结构化知识的机会。

笔者认为，教师设计获取与梳理、概括与整合层面活动应该遵循下面两个原则。

第一，围绕主题意义主线，设计问题链。问题链是教师为了实现一定的教学目标，根据学生的已有知识或经验，针对学生学习过程中将要产生或可能产生的困惑，将教材知识转换成为层次鲜明、具有系统性的一连串的教学问题；是一组有中心、有序列、相对独立而又相互关联的问题。问题链必须以主题意义为引领，问题链中的问题应该指向语篇关键信息和学生不同层次思维能力的发展，能体现育人价值；问题链中的问题要高度关联，体现信息的层次性和思维含量的层次性，而且还要是围绕主题意义主线彼此融合的有机整体。

下面我们以2019年北师大版高中英语必修一第一单元第三课语篇 YOUR LIFE IS WHAT YOU MAKE IT 为例，探讨其获取与梳理、概括与整合层面活动的设计。教师要遵循围绕主题意义主线，基于思维多维发展，设计问题链，并形成问题链网络，如教师可以向学生展示以下问题链网络（如图4-2），学生基于该网络自主探究，形成结构化知识网络。

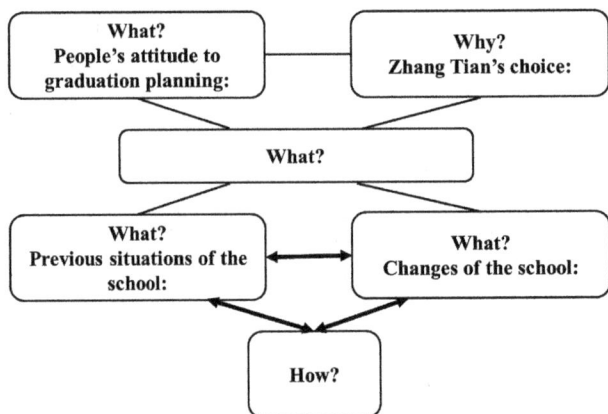

图 4-2　语篇 YOUR LIFE IS WHAT YOU MAKE IT 问题链设计

教师在深入研读语篇的基础上，确认语篇的主线为"你的生活你做主"，并且充分考量语篇各部分之间的逻辑关联；明确围绕主线的关键内容，设计好问题链，构建有机一体的问题链网络，辅助学生开展语篇研读，梳理关键信息、建立信息关联、建构结构化知识。

第二，搭建支架，发挥学生主体作用。教师根据活动的难度研判，适当做出示范和指导，让学生以个体或小组形式梳理和整合关键内容，感知和理解意义，探究意义之间的逻辑关系。教师要发挥学生的主体作用，相信学生，给予学生充足的时间自主探索，根据活动开展情况，可以展示教师设计的信息结构框架供学生参考。例如，学生在学习 2019 年北师大版高中英语必修二第五单元第一课 A SEA STORY 过程中展开获取与梳理、概括与整合学习活动时，教师可以提供以下结构图（如图 4-3），供学生探究参考，以构建语篇信息结构图。

When we were coming back, the sky ＿＿＿＿＿＿＿＿. Then a huge wave ＿＿＿＿＿＿＿＿ and my younger brother ＿＿＿＿＿＿＿＿. My elder brother ＿＿＿＿＿＿＿＿ "Moskoe-storm!"

The storyteller's feelings: ＿＿＿＿＿＿＿＿.

↓

The wind and waves carried us _____. Then a huge wave _____. Then, we were _____ it.

Suddenly, we _____.

The storyteller's feelings: _____.

↓

The boat was on the inside of _____ and we were going around _____. After I made three observations, I tied myself to _____. I tried to make my brother _____.

The storyteller's feelings: _____.

↓

Soon afterwards, the whirlpool _____. The waves soon carried me away and finally a boat _____.

The storyteller's feelings: _____.

图 4-3　语篇 A SEA STORY 信息结构

即使在《高中英语课程标准》核心理念深入推进的过程中，仍有不少教师的阅读教学呈碎片化、表层化、模式化和标签化特征。而获取与梳理、概括与整合层面活动的重要目的就是帮助学生形成新的知识结构，即建构结构化知识。教师如能基于上述两条基本原则设计活动必将给教学带来较大的改变，使课程标准的核心理念真正落地。

下面，我们来探究获取与梳理、概括与整合层面活动中建构结构化知识的基本方法。下面以2019年北师大版高中英语必修一第二单元第三课阅读语篇 RUNNING AND FITNESS 为例进行探讨。

［原文呈现］

Hi Jeremy,

Thanks for your question. As people often say, any exercise is better than none, but long-distance running in particular has a lot of benefits.

It is a great sport for beginners—you do not need a gym membership or any special equipment. Just a pair of good running shoes will do. Then, keep it up. There is also no better way to know yourself and to see what you are capable of.

You are also somebody who worries about getting sick. Running will help you get fit and prevent diseases. It will give you good upper and lower body strength. Like any exercise, running increases the flow of blood and oxygen to your brain. It makes your heart stronger and allows more blood to flow around your body. It also strengthens your immune system and reduces the risk of serious health problems, as well as more common illnesses like colds. Besides, anybody who is feeling down can go for a run to cheer themselves up. Even a thirty-minute run will provide relief from aches or tension that you may be suffering due to stress.

If you are new to running, here is some advice for you—it is important to warm up and cool down properly before and after running, so you do not hurt yourself. A warm-up gets your blood flowing and prepares your body before you exercise. After a long run, you should jog slowly for ten minutes, then walk for five minutes. Such kind of warm-down relaxes your body after exercise.

For more guidelines on running, click here. I hope this will help!

Best Regards,

Dr. Martin

第一，以主题意义为引领。教师需要深入研读语篇，提炼主题意义。精准提炼主题意义是深入研读语篇的成果，是建构结构化知识的重要前提。教师在进行语篇研读时，首先要明确语篇的主题是什么，核心内容是什么？具体来说，教师要考虑学生对主题信息的梳理和整合情况，帮助学生形成结构化知识，建立起知识之间的逻辑，以及知识与语言之间的有机关联，从而为学生内化知识和实现连贯表达奠定基础。

据此，通过研读语篇，对 RUNNING AND FITNESS 的主题内容解读如下：RUNNING AND FITNESS 体裁为应用文（书信），主题范畴为人与社会，归属于文学、艺术与体育主题群，主题语境的内容要求为体育与健康。本文介绍了马丁医生对 16 岁杰里米关于长跑健身的困惑进行解答。具体阐述了长跑对健康的好处以及对长跑运动的建议。本文重点关注单元主题意义下的运动与健康的关系，介绍合理运动对健康的好处和意义；通过学习长跑对促进身体健康的好处等内容，引导学生关注并重视体育运动对健康的意义，激励学生积极参加体育锻炼，强身健体，保持健康体魄。

第二，以逻辑关联为纽带。《高中英语课程标准》中高中英语学业质量水平二要求学生，能识别语篇中新旧信息的布局及承接关系；能理解语篇成分之间的语义逻辑关系，如次序关系、因果关系、概括与例证关系；能识别语篇中的时间顺序、空间顺序、过程顺序等。深入语篇，确认语篇中围绕主题意义的关键信息，并且探究出语篇各部分之间、关键信息之间的语义逻辑关系，通过合适的工具来概括整合各个要素，构成意义有机体的结构化样态，是教师在学习理解类活动中获取与梳理、概括与整合意义的关键所在，是落实英语学习活动观的重要保障之一。教师应该指导学生开发多元梳理和整合信息的工具，如表格、思维导图、流程图、信息结构图等。

下面以信息结构图（如图 4-4）所示为例，教师可以设计以下问题链，引导学生梳理和整合语篇 RUNNING AND FITNESS 中的关键信息。

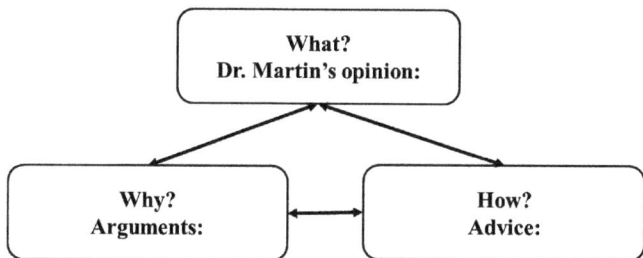

图 4-4　语篇 RUNNING AND FITNESS 信息结构

该语篇的主题是科学合理的长跑有益健康。文章开篇马丁医生表明了自己的观点，即长跑是适合杰里米的。接下来，马丁医生从长跑的几点好处来论证自己的观点，即他为什么这么认为。一方面，长跑是非常适合初学者的；另一方面，长跑能帮助杰里米保持健康，远离疾病。最后，马丁医生给出了科学长跑的建议。他认为只有科学运动，杰里米才能收获运动的益处，反之会带来伤害。因为长跑好处多，所以它才是适合杰里米的运动。可以看出，精准研读语篇，提炼出文章的主题意义，以主题意义为引领，探索出语篇各部分宏观层面和微观层面的逻辑关系，才能帮助学生建构结构化知识。

（二）应用实践类活动设计

应用实践类活动主要包括描述与阐释、分析与判断、内化与运用等活动，旨在帮助学生基于在学习理解活动中形成的结构化知识，通过开展描述、阐释、分析、应用等有意义的语言实践活动，内化语言知识和文化知识，将其转化为解决问题的能力。应用实践类活动介于学习理解类活动和迁移创新类活动中间，起着承上启下的作用，既是对学习理解类活动中梳理和整合的内容进行实践和内化，又是为迁移创新类活动的有效实施作好铺垫。由此可见，应用实践类活动最终指向的是由知识向能力的跃进。如果应用实践类活动缺位，或者说这个层面的活动实效打折，环节有缺失，都将影响学生解决问题能力的培养，也一定会影响学生学科核心素养的形成。下面从描述与阐释、分析与判断和内化与运用三个层面来讨论活动设计原则和典型活动类型。

1.描述与阐释层面活动

描述与阐释活动是指学生根据文本主题及内容，依托学习理解阶段生成的知识结构，整合性地用自己的语言叙说语篇中记载的事件经过，描述某个场景或阐明文中的事物或现象的主要特征，或者诠释文章的主要观点和重要依据等。

（1）设计原则。

第一，突显学生的主体地位。不少教师不够重视学生的主体性，总是以方便活动推进或者想当然认为活动比较简单等为由，自己代劳包办，由教师自己检查核对学生产出的知识结构图，或是带着学生简略地过一遍。这种做法忽视了学生的主体地位，是不可取的。学生应该对自己的学习活动负责。他们通过自己思考或小组合作生成的知识结构图，反映了他们对语篇的理解和看法，就应该由他们自己来交流展示。教师可以根据学生展示的情况进行提问交流，提出完善建议。

第二，依托生成的知识结构图。学生在开展描述与阐释活动时，必须要利用自己在学习理解活动环节自主生成的知识结构图，不能另起炉灶，将其放置一边。描述与阐释活动聚焦语篇的架构、主题意义、核心内容、语言表达等方面，有助于学生反思和评价自己和同伴建构的知识结构图，而反思和评价知识结构图反过来能促使他们提升建构知识结构图的能力，为今后的学习做好准备。

第三，创设真实生活情境。描述与阐释活动一定要紧密联系学生的生活实际，情境务必真实，最好让学生以某种新身份融入活动中，通过换位和共情来开展活动。

第四，依据文体特征设计活动。教师要根据不同语篇类型来设计合理的描述与阐释活动。例如，2019年北师大版高中英语必修一第二单元第一课 THE UNDERDOG 一文是记叙文，讲述了保罗作为校篮球队的球员，由于身材矮小一直不被看好，但他从未放弃梦想，坚持提升球技，最后通过实力证明了自身实力的故事。教师可以设计新闻采访的活动来再现保罗的经历和感受。再如，必修第二册第四单元第一课 AVATARS 是一篇说明文，介绍了 Avatar 的历史、功能以及人们对其的态度。教师可以让学生以一位研究虚拟图像的专家身份通过演讲或访谈的方式来开展描述与阐释活动。

（2）典型活动设计示例。

描述与阐释活动是应用实践类活动的第一个层次，是基于学生自主建构的知识结构图来开展活动的。常见的活动有：角色扮演、采访、演讲、讲解、问答等。例如，2019年北师大版高中英语必修一第一单元第一课LIFESTYLES的描述与阐释活动可以设计为访谈。

Interview

You are expected to work in groups. One acts as a reporter, and the other two work as Joe and Li Ying respectively. You are supposed to use the mind-maps you have constructed to help conduct an interview. And while your peers are doing the interview, please think about what you can learn from their presentations.

又如，2019年北师大版高中英语必修一第一单元第三课 YOUR LIFE IS WHAT YOU MAKE IT 的描述与阐释活动可以设计为演讲。

Make a Speech

Suppose you are Zhang Tian, you are invited to go back to your university to give a speech on your experiences as a volunteer teacher. Deliver your speech with the help of the graphic organizer you have made.

再如，2019年北师大版高中英语必修二第四单元第一课AVATARS的描述与阐释活动可以设计为"你问我答"。

Ask and Answer

Working in pairs of four, one of you work as an expert on avatars, and the other three take turns asking the expert questions about avatars. Do not forget to use the information in the activity above.

2.分析与判断层面活动

分析与判断活动是指以语篇的主题意义建构为核心，学生对文章内容进行深层次加工，分析其中蕴含的道理、内容之间的逻辑关系、形式方面的特征和手法，或判断某些行为或者方式与文中阐述的是否一致等，由此探究语言背后深层次的文化现象和寓意，获得文化体验，实现从知识向能力的转化。①这里需要指出的是分析与判断活动与迁移创新类活动的推理与论证层次有些重合，不同之处在于前者相对于后者来说思维深度要浅一些，学生在分析与判断时主要是深入文本意义的探讨，很少涉及超越文本意义的探究。

（1）设计原则。

第一，坚持学生的主体地位。学生的主体地位是教师设计教学活动和实施活动过程中必须重视的方面。学生一定是在教师的引导和帮助下开展深度学习，探究语篇深层意义，发展能力。只有确保了学生的主体地位，该环节的活动目的才能真正实现。

第二，依据文体特征，聚焦关键问题。语篇类型是英语课程内容六要素之一，包括记叙文、说明文、议论文和应用文等。根据语篇的文体特征，明确不同文体类型的表达方式、写作目的、核心问题和逻辑特点，设计恰当的分析与判断活动。例如，记叙文通常是叙述人物的经历和事物的发展变化过程，以此来传递某种积极的核心价值。因此，常见的活动是分析主要人物的性格特征和精神品质，或是从事件中探究人生启发和教训等。说明文的主要目的是介绍和解释，一般介绍事物的形状、构造、类别、关系、功能，解释事物的原理、含义、特点、演变等。所以，活动设计应该聚焦厘清整体与部分、原因与结果等各种逻辑关系。议论文的主要目的是通过摆事实、讲道理、辨是非、举例子等方法，来确定某种观点正确或错误，支持或否定某种主张，活动设计应该关注观点与论据以及作者的价值取向等。

（2）典型活动设计示例。

分析与判断活动是应用实践类活动的第二个层次，是在前面学习活

① 钱小芳、李绮华、王蔷：《英语学习活动观中应用实践类活动的设计》，《中小学外语教学》（中学篇）2023年版第7期。

动的基础上开展提炼主题意义的活动。常见的活动有：问答、判断、讨论等。

例如，2019年北师大版高中英语必修二第五单元第一课 A SEA STO-RY 的分析与判断层次活动可以设计为问答（讨论）。

Think and Share

Working in groups, students reflect on and discuss the following questions, and then share their ideas with the other students.

① Why did the storyteller survive while his elder brother didn't?

② What does the storyteller mean by "it took only six hours to break my body and soul"?

又如，2019年北师大版高中英语必修三第八单元第三课 "WHITE BIKES" ON THE ROAD 的分析与判断层次活动设计——问答（讨论）。

Think and Share

Working in groups, students discuss the following two questions:

① What does the title " 'White Bikes' on the Road" mean?

② What does the writer mean by saying "Where will bike-sharing go in China? You decide?"

再如，2019年北师大版高中英语必修第三册第九单元第一课 ACTIVE LEARNING 的分析与判断层次活动可以设计为判断。

Read and Decide

Are the following ways of learning correct according to Kevin Daum? Write T or F. If your answer is "F", think about what should we do and give reasons.

①When in class, focus on the voice expressing your own opinion. ( )

②If you think a speaker is wrong, argue with him or her. (　)

③Be curious to find more information about the topic. (　)

④Believe what is said in books. (　)

⑤Only engage in classes of your favourite teacher's. (　)

上述分析与判断层面的活动都是依托语篇，聚焦语篇中的关键问题，学生需要深入语篇，探索语篇深层次意义，直指语篇的主题意义。

3.内化与运用层面活动

内化与运用活动是指学生通过描述与阐释和分析与判断层面的活动，巩固已经构建的新知识结构之后，在新的情境中选择和使用所学语言和内容，进一步内化所学知识，促进知识向能力的转化。在实际教学中，不少教师忽视内化与运用层面的活动，没有设计相关的课堂教学活动。虽然描述与阐释和分析与判断层面的活动也能够起到一定程度的内化作用，但是专门的情境化的、有意义的内化与运用活动才能最大限度保障内化。

（1）设计原则。

第一，重视学生的主体地位。这一原则与上面的设计原则是一致的，不再赘述。

第二，注重活动的情境性和真实性。这里的情境设计要区别于描述与阐释层面的活动情境。描述与阐释层面的活动主要基于学习理解构建的新的知识结构展开，对于语言特点和深层意义的观照不多，而运用与内化层面活动的情境是与主题密切关联的新的情境，要求学生不仅运用和内化新的知识结构，还要领悟深层次的文化现象和寓意。这类活动注重学生的参与性和社会属性，让学生在真实的交际中选择和使用语言，强化语言形式和意义的关联，实现真正意义上的语言运用。

（2）典型活动设计示例。

内化与运用活动是应用实践类活动的第三个层次。常见的活动有：讲述、角色扮演、采访等。

例如，2019 年北师大版高中英语必修一第一单元第三课 YOUR LLFE IS WHAT YOU MAKE IT 的内化与运用层次活动可以设计为"角色扮演+讲述"。

Express Yourself

A small party is held for people to say something to someone you want to thank.

Suppose you are one of Zhang Tian's students, one of the villagers or Zhang Tian, who would you like to thank? And give your reasons.

教师创设了一个新的情境——学生通过换位思考，以张天的学生、村民或张天自己的视角来向想要感谢的人致辞。在这样的情境下，学生要根据不同的情境来选择和使用语言，开展有意义的真实交际，有效促进知识内化。比如，学生如果站在张天学生的视角，他们应该要感谢他们的张天老师，感谢他给他们的学习、生活和学校带来的积极变化，并表达他们收获的幸福和快乐。

又如，2019 年北师大版高中英语必修二第六单元第三课 THE SUPER-HERO BEHIND SUPERMAN 的内化与运用层次活动可以设计为采访。

Interview

Students work in groups of four. One acts the role of Reeve, and the other three act the roles of reporters.

Reporters raise questions and Reeve answers.

学生需要根据文本信息生成问题，既可以是基于建构的结构化知识的问题，也可以是涉及文章的深层意义的问题，比如学生可能问道："What do you want to say to your family?"（你想对你的家人说些什么？）而学生要回答同伴提出的问题需要运用多元思维，并且选择和运用准确、得体的语言来表达观点、看法、情感和态度。

应用实践类活动的三个层面各有聚焦和指向，有的教师在课堂教学中设计了描述与阐释层面，及分析与判断层面的活动，但往往忽视了内化与运用层面活动的设计，而内化与运用层面的活动是指在新的真实情境中运用所学语言知识、结构化知识、深层文化内涵开展有意义的交际活动，是促进知识向能力转化的重要环节。

（三）迁移创新类活动设计

迁移创新类活动是超越语篇的学习实践活动，包括推理与论证、批判与评价、想象与创造三个层面的活动。教师要设计学习活动，引导学生针对语篇背后的价值取向与作者或主人公的态度和行为，开展推理与论证活动，学会赏析语篇的文体特征，把握语篇的结构，发现语言表达的手段和特点，并通过分析和思辨，评价作者或主人公的观点和行为，加深对主题意义的理解，进而运用所学知识技能、方法策略和思想观念，多角度认识和理解世界，创造性地解决新情境中的问题，理性表达情感、态度和观点，促进能力向素养的转化。迁移创新类活动聚焦发展学生的高阶思维能力，教师要以主题意义为引领设计学习活动，引导学生进行分析、评价和创造等思维活动，促进学生的思维能力向更高水平发展。

1. 推理与论证层面活动

推理与论证层面活动指向主题意义的探究，即语篇的价值取向，具体活动设计包括学生能根据已知信息合理推断人物关系、事件的后续发展和作者的情感态度；能根据语言材料中的线索、逻辑、因果关系等多重复杂的信息，推论未知信息；能以事实为依据，通过说理论证并阐述论点，还包括分析语篇的文体特征和修辞手法的运用，并发现作者是如何运用文体和语言特点来促进主题意义的表达。

例如，2019年北师大版高中英语选择性必修一第一单元第三课语篇 SO CLOSE, YET SO FAR 的推理与论证层次活动可以设计如下。

Think and Share

(1)Why does the author write the passage?

(2)What is the author's attitude towards social networking? Do you agree with the author? Give your reasons.

该活动设计旨在引导学生理解作者的写作意图，以及作者对于社交网络的态度，从而有助于学生提炼文章的主题意义。同时，设计了对于作者观点态度的评价活动。可见，在实际课堂教学操作中，有时可以整合推理与论证和批判与评价两个层面的活动。

又如，2019年北师大版高中英语必修三第八单元第一课语篇ROOTS AND SHOOTS的推理与论证层次活动可以设计如下。

Identify and Interpret the Writing Techniques

Students work in groups of four and figure out what techniques are used to make the writer's view logical and convincing, such as examples, repetition, quotations, and colloquial style.

And think about why the writer uses so many parallel structures in the passage.

该活动有利于帮助学生发现作者是如何恰当地运用修辞手段来表达和突出主题意义的。

2.批判与评价层面活动

批判与评价层面活动旨在引导学生能运用理据或基于证据进行批判与评价，提出令人信服的个人见解；能理性地表达立场、情感和是非观念。教师在设计活动时既要考虑到学生对文章的内容和对作者的态度和观点的批判和评价，也要引导学生据此表达个人的观点和态度。

例如，2019年北师大版高中英语选择性必修一第二单元第三课语篇GETTING TO THE TOP的批判与评价层次活动可以设计为对作者态度观点的评价。

Voice Your Opinion

What is your opinion about the writer's attitude and commitment to the profession she has chosen?

又如，2019年北师大版高中英语必修三第九单元第一课语篇ACTIVE LEARNING 的批判与评价层次活动可以设计为对语篇内容的评价。

Think and Share

（1）Which of the five suggestions in the passage do you find is the most useful for you? Give your reasons.

（2）Which of the five suggestions in the passage do you find is the least effective for you? Give your reasons.

3.想象与创造层面活动

想象与创造层面活动旨在引导学生能基于已知信息发挥想象，衍生丰富、多样的创意，如创编对话、提出新的解决方案、为故事或文段续讲或续写结尾或结局等。

例如，2019年北师大版高中英语必修二第五单元第一课语篇 A SEA STORY 的想象与创造层次活动可以设计为创意写作。

Express Yourself

Write a paragraph about something scary or unusual or interesting you experienced or you heard about.

又如，2019年北师大版高中英语必修三第九单元第一课语篇 ACTIVE LEARNING 的想象与创造层次活动可以设计为解决方案。

Think and Share

What other ways of active learning do you know? How will you learn actively in the future? Make a list and explain them. Compare and discuss your list with your group members.

再如，2019 年北师大版高中英语必修一第一单元第三课语篇 YOUR LIFE IS WHAT YOU MAKE IT 的想象与创造层次活动可以设计为续写。

Imagine and Write

Write a paragraph that follows the last paragraph of the passage.

这篇课文主要讲述了大学生张天在毕业后选择到贵州的一所乡村学校支教的故事。在近一年的时间里，张天通过自己的努力，不仅给这所乡村学校，也给学校所在的村子带来了令人欣喜的变化。他深受村民和学生的喜爱和敬重，并把支教的乡村当成了自己的第二个家乡。他本打算只待一年，但是现在决定再支教一年。文章的最后是开放式的结尾，留下伏笔，适合设计续写活动。

第五章　阅读教学与文化自信教育

一、发现问题与提出假设

习近平总书记指出，文化自信是一个国家、一个民族发展中最基本、最深沉、最持久的力量。[①]文化自信是社会实践主体或社会群体基于对其文化的肯定性评判和价值确认而产生的信心和信念。《高中英语课程标准》把"坚定文化自信"作为英语课程目标之一。因此，高中英语课堂教学应着力培养学生的文化意识，增强文化自信，帮助其理解语言背后的社会意义，增强跨文化交际能力，让学生能主动用学习的目标语言去讲述、介绍和传播中华优秀传统文化。

（一）发现问题

笔者注意到，当前教学实践中，在高中生的文化意识和文化自信培养方面存在下面几个问题。

1.文化知识教学缺乏系统性

英语教学中，学生获取文化知识的主要来源为教材中的阅读语篇。受篇幅和难度的限制，教材中的阅读材料往往就某一话题的某一方面略作叙述，信息含量少，彼此关联性不强，因而容易导致学生所获取的文

---

①《习近平著作选读》第2卷，北京：人民出版社2023年版，第19页。

化知识较为零散。同时，教师在教学中主要聚焦各个文化知识本身的教学，易忽视提炼文化知识的大概念。例如，2019年北师大版高中英语必修一第三单元CELEBRATIONS中的SPRING FESTIVAL一文介绍了不同人的中国春节体验。受篇幅的影响，教材编写者不可能把所有有关春节的背景信息或者其他的中国传统节日，以及跟中国传统节日有关的知识都放在一个单元里，而有的教师在文本解读和实施教学时局限于文本中的具体文化知识，忽视了中国传统节日的内在相关性和共性特质的讲解，学生在这些碎片信息中很难感悟出中国传统文化的核心特质，不利于培养文化意识和文化自信。

2.文化知识教学缺乏思维深度

课本中的文化知识系统性和关联性不强，以及部分教师对《高中英语课程标准》核心理念的领会和内化的缺位，对文化知识载体的文本解读不够深入，可能导致课堂教学仅关注文化知识的表层意义，没有挖掘隐含在文字背后影响文化意识、人文修养和行为取向的语篇内涵，这会影响学生文化自信的发展，甚至可能会引发他们做出不恰当的文化行为。例如，2019年北师大版高中英语必修三第七单元听说课BEIJING OPERA一文介绍了京剧的基本信息。有的教师在解读文本时主要聚焦事实性信息，以及从听、看和说的技能层面设计相应的教学活动，而忽视引导学生去主动深入思考京剧发展的现实困境及原因，以及很多像京剧一样的传统文化符号和遗产面临的保护、传承和发展等问题。

3.文化知识教学缺乏多元性

由于对文化知识缺乏系统性和关联性整合，以及语篇研读的深度不够，有的教师在开展文化知识教学活动时往往局限于教材的编排活动，形式相对单一，缺少依据文本进行深入研读和学情分析而确立的教学目标来设计多元的学习活动。例如，2019年北师大版高中英语必修一第三单元VIEWING WORKSHOP一文，通过视频介绍中国剪纸。有的教师对教材中这类课型的用意理解不够准确，也有考量课时紧张的原因，往往播放视频后，让学生回答几个问题就结束，没有借助本课文化主题来设计多样学习活动来培育学生的文化意识。在文化现象的教学中，除了文字辅助解释文化知识，教师还可以利用视频资源、互联网资源、实物教具等来开展合作学习、探究学习，并鼓励学生亲自动手体验。

（二）提出假设

针对以上问题，笔者所在的项目研究团队提出以下假设。

第一，现行的高中英语教学缺乏对学生文化意识的培养。

第二，学生在英语学习中主要聚焦文化知识层面的学习，缺乏提升文化自信的途径。

第三，学生仍不能准确地比较中国传统文化与外来文化的区别，欠缺批判性鉴赏文化的能力。

二、初步调查与问题确认

（一）初步调查分析

本次行动研究的是一所省级示范高中的高一年级两个平行班，共计96人。其中，男生55人，女生41人。笔者及所在研究团队分别对他们开展了访谈和问卷调查工作。

为了验证初步假设，项目组通过访谈和问卷调查来了解学生在文化意识培养和文化自信提升方面所面临的问题以及原因所在。我们设计了以下几个访谈问题。

其一，在英语学习中，老师会引导你比较中西方文化吗？如果有的话，老师是怎样引导的呢？

其二，在英语学习和课外阅读时，你会有意识地去比较中西方文化吗？如果会的话，你是如何做的呢？

其三，你能用英语介绍中国传统文化吗？如果能够介绍的话，你会选择向外国人介绍哪个方面的中国传统文化？

其四，你参加过中国传统文化或跨文化交流专题活动吗？如果参加过，你有主动向外国友人介绍中国传统文化吗？介绍了哪些方面？

访谈结果表明：77%的学生认为初中阶段英语老师在教学中基本不会引导他们去比较中西方文化；83%的学生表示他们不会自主有意识地去比较中西方文化；65%的学生基本能够用英语介绍学习过的中国传统文化，主要选择介绍传统节日；75%的学生很少参加有关中国传统文化或跨文化的专题活动。

项目组还在受试群体中开展了关于高中生文化自信的问卷调查，共发出96份问卷，实际收回有效问卷96份。从问卷调查的数据分析来看：不到一半的学生对中国传统节日的由来、风俗及意义基本了解或有一些了解；超过50%的学生认为中国传统文化发展的现状不太乐观，部分传统文化正在被遗忘或消失；超过40%的学生对西方的节日比较感兴趣，近36%的学生表示会参加中西方的传统节日活动；约40%的学生表示基本不会主动用英语向外国友人介绍中华优秀传统文化；超过56%的学生表示非常渴望提高自己用英语表达中国传统文化的能力，但不知从哪做起；近83%的学生希望通过课堂学习和老师有目的地讲授来提升用英语介绍中国传统文化的能力；近80%的学生对学校开设传统文化学习的选修课态度积极，想借此机会学习如何用英语讲好中国故事，绝大多数学生希望学校通过开设传统文化讲座，增设传统文化课程，举办各类传统文化活动等方式来帮助自己提升文化自信。

（二）确定研究问题

访谈和问卷调查的结果与项目组的初步假设基本一致。第一，尽管大部分学生基本上能够用英语介绍学习过的传统文化现象，但是仅仅局限于传统节日的介绍。第二，学生在课外很少参加中西方文化交流的专题活动，缺少文化意识培养和文化自信提升的有效途径。第三，大部分学生自主比较不同文化的意识不够，批判性认识不同优秀文化的思维能力亟待提高。第四，英语教师缺少提升学生文化自信的理论框架指导和融合中华优秀传统文化元素的英语课堂教学模型的参考。

三、高中生文化自信提升的理论框架

近些年来，如何构建和提升学生的文化自信成为国内学界研究的热点，现有研究主要是高校教师针对大学生的研究。例如，李丽雯开展了在大学英语课堂教学中重视文化自信培育和语言学习的契合研究。曹艳琴和姚兆宏建构了英语专业学生文化自信能力培养的理论框架。韩刚和张文生提出了从增强文化认知，发展文化产业到加强对外交流来坚定文化自信的实践路径。陈祝华和丁成际提出了，从文化主体上要加强文化认知和人的主体精神等方面的自信；从文化客体上要增强文化交流和利用文化资源来增强文化自信。孙良瑛提出了文化自信建构的三大要素，即主体要素、客体要素，以及实现主客体关系统一的实践要素。

笔者认为，增强高中生文化自信应从文化知识的系统学习开始。文化知识既有主题维度上显性度高的社会历史文化，也有语篇维度上显性度较低的语言文化，还包括像意识形态、价值观念、思维模式等隐性文化。文化知识是文化意识形成的必备内容和前提条件。文化意识形成是动态的过程，它不是自动形成的，而是建立在理解和运用文化知识的基础上的。文化意识是在学习者获取文化知识的基础上，通过比较、分析、评价、鉴别等思维活动，尤其是批判性思维活动的参与而形成的，而良好的文化意识反过来会提高学习者对文化知识的学习和内化。文化自信是文化意识深入发展的结果，是自尊、自信、自强的品格体现。坚定的文化自信会强化文化意识，也有利于促进对文化知识的深度学习。文化自信具有基础性、开放性、现实性和连续性的特点，是在跨文化交际时表现出得体文化行为的保障和支撑，是推动和促进继承发展中华优秀传统文化，推广传播中国优秀文化的引擎。因此，为了有效实施行动研究，笔者提出了高中生文化自信提升的理论框架（如图5-1）。

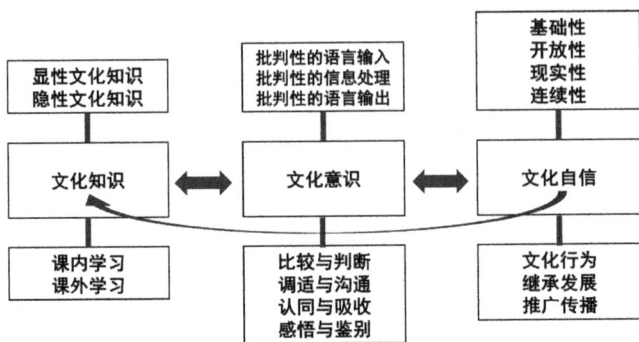

图 5-1　高中生文化自信提升的理论框架

四、行动计划的制定、实施与调整

（一）行动计划的制定

参与本次行动研究的学生的学业成绩处于所在市高中学生的中等水平。笔者从 2019 年 9 月至 2022 年 1 月，围绕 2009 年北师大版高中英语教材与 2019 年北师大版高中英语教材开展高中英语课堂融入传统文化元素提升学生文化自信的行动研究。

（二）行动计划的实施、调整

1.第一阶段行动计划的实施

从 2019 年 9 月至 2020 年 6 月，笔者和研究团队首先设计问卷和访谈问题；然后对实验对象开展问卷调查和访谈工作；最后，分析数据，整体评估参加研究的学生的文化自信水平情况，如表 5-1 所示。

接下来，笔者根据所使用的 2009 年北师大版高中英语教材以及 2019 年北师大版高中英语教材中的中国传统文化元素，同时补充了一部分优秀传统文化的多模态文本素材，开展课堂教学和培训，帮助学生增进文化理解，形成文化意识和树立文化自信。

表 5-1　第一阶段行动计划

实验时间	实验内容	数据收集方法
2019年9月—2019年10月	提出研究假设;设计问卷和访谈问题;开展问卷调查和访谈工作;分析数据,再次确认研究问题	问卷和访谈
2019年11月	2019年北师大版高中英语必修第一册第三单元CELEBRATIONS传统节日教学探索;补充2009年北师大版必修模块一第三单元CELEBRATION中关于传统节日的语篇教学	教学实录、反思日志
2019年12月	2019年北师大版高中英语必修第二册第六单元THE ADMIRABLE关于中国中医药的博大精深和中国科学家孜孜以求,永不言弃的科学探索精神;补充2009年北师大版必修模块二第六单元DESIGN关于中国绘画、剪纸及Culture Corner中具有代表性的中国世界非物质文化遗产教学语篇	反思日志、访谈
2020年1月	中国传统文化专题微型系列讲座,主题涉及传统节日、国画书法、中国建筑	反思日志、访谈
2020年3月	2019年北师大版高中英语必修三第七单元ART学习中国的京剧和艺术大师	教学实录、反思日志
2020年4月	补充2009年北师大版必修模块三第八单元Marco Polo and His Travels教学语篇,体会古代中国在政治、经济、建筑、综合国力等方面的繁荣强大,以及Culture Corner中介绍丝绸之路的语篇	反思日志、访谈
2020年5月—2020年6月	中国传统文化专题微型系列讲座,主题涉及中国非物质文化遗产,包括传统戏剧、传统舞蹈、曲艺和民俗	反思日志、访谈

2.第一阶段行动方案实施的案例

以2009年版北师大版高中英语必修一第三单元第一课FESTIVALS为例,来谈谈文化知识的教学。在学习理解类活动中,首先,笔者设计了活动 ACTIVATE AND SHARE（Students share one of their favorite traditional Chinese festivals including its key facts, such as date, activities, food, its history and origin and so on）。通过本活动,一方面教师可以了解学生用英语谈论

中国传统节日的大体情况与英语的表达运用程度，例如，能否准确表达农历日期和特色活动的开展等；另一方面，可以激活学生关于中国传统节日已有的信息储备，激发他们对节日主题的兴趣和好奇心。

其次，笔者设计了 READ FOR THE GIST（Students read through the texts and match the festivals and the pictures）。该活动的主要目的是让学生快速阅读获取文章的大意，了解主要谈论的三个传统节日，为下一活动提取梳理事实性信息做好铺垫。随后，展开的活动是 READ FOR THE SPECIFIC DETAILS（Students read the texts closely to sort out the important information about the festivals, using a proper graphic organizer），学生阅读文本并利用信息结构图来梳理描述节日的重要信息，同时关注相应的语言知识，如农历日期、传统活动、食物以及节日特殊意义等的英文表达。此外，学生在提取信息的过程中，观察、感知和发现被动语态的形式、意义和在具体语境中的使用情况。

在应用实践类活动中，笔者设计了活动 INTRODUCE A FESTIVAL（Students introduce one of the traditional Chinese festivals to a group of foreign visitors to the school）。设计意图是让学生依托文本主题意义，根据学习理解类活动中构建的可视化信息结构图来描述节日，逐步巩固相关语言和新知识结构。接着，笔者设计了 READ AND INFER（Students read the texts and figure out the changes happening to the festivals, and inferring the causes），该活动需要学生根据文本内容完成相关信息，如表5-2所示。

表5-2 语篇 FESTIVALS 阅读与预测条目表

Festivals	Changes	Causes
The Mid-Autumn Festival		
The Lantern Festival		
The Dragon Boat Festival		

该活动旨在帮助学生对文本内容进行深层次加工，探索节日的变化，

分析其内在原因，以此来发展学生的高阶思维能力。最后，笔者设计了内化与运用活动——INTERVIEW（The foreign visitors to the school are so curious about the festivals introduced in the last activity that they bombard students with questions）。学生通过角色扮演的采访形式来进一步对所学内容和语言知识在新的情境下运用，来促进内化和巩固。

在迁移创新类活动中，笔者设计了活动 COMPARE AND REFLECT（Students read an extra text, which deals with Thanksgiving Day, and then compare Thanksgiving Day with the Mid-autumn Festival）。通过节日的对比，尤其是对比它们的背景或起源，有利于学生在认同他国节日的同时，也能加深对本国节日的理解。学生能明确特定的节日与本国的文化、历史、风土人情和社会群体的价值观等密切关联，从而不盲目欣赏和庆祝外国节日而贬低或忽视本国的传统节日。此外，笔者还设计了一个活动，即 INTRODUCE ANOTHER FESTIVAL （Students introduce one more festival which is not included in the text, such as the Qingming Festival, the Double Seventh Festival and the Double Ninth Festival）。学生通过语言实践活动，将所学的知识和能力迁移到新的生活环境中，来介绍另一个新的传统节日。这样，既有利于学生理解和欣赏文本语言，也能帮助他们更好地理解传统节日的意义和魅力。

3.第一阶段行动研究的反思

从第一阶段的教学实录、反思日志以及访谈和问卷调查的结果来看，一方面，学生对于中国传统文化的学习表现出了浓厚兴趣，会主动利用互联网资源收集特定文化主题的系列信息，愿意尝试用英语来介绍它们；另一方面，学生能够梳理并获取基本文化知识信息，但是会有意无意地倾向关注语言知识的学习，而忽视深入文本去探索隐含文化信息，文化意识还不强。此外，他们不习惯把中西方相关的文化元素进行比较，缺乏主动分析和评鉴中西方文化元素和现象的意识，容易忽视文化现象背后的价值取向。因此，笔者认为教师需要指导学生在获取文化知识的基础上分析与判断文化知识，促进文化意识的形成；引导学生反思评鉴文化现象，形成文化品格，讲好中国故事，从而增强文化自信。

4.第二阶段行动计划的实施

第二阶段重在帮助学生提升分析与比较、感悟与鉴别以及认同与传播传统文化，增强文化自信。此外，继续开展课堂教学融入传统文化的实践，如传统文化专题讲座、融入传统文化的课堂教学公开课展示活动、同课异构活动等。最后，笔者和研究团队根据中期研究取得的成果进行微调和修正研究，然后开展问卷访谈工作，收集并分析数据，构建了提升文化自信的教学模型，如表5-3所示。

表5-3　第二阶段行动计划

实验时间	实验内容	数据收集方法
2020年9月—2020年10月	中国传统文化专题微型系列讲座:古诗词	反思日志、访谈
2020年11月—2020年12月	英文诗歌同课异构活动:2009年北师大版高中英语选修六第十八单元第三课POETRY	教学实录、反思日志
2021年1月	文化交流沙龙活动:学生就感兴趣的文化专题通过小组合作查阅资料,活动上用英语交流分享	反思日志、访谈
2021年3月—2021年4月	文化研讨会: 议题一:中国传统文化的发展和传承面临的困境及其原因,探索可能的解决方案。 议题二:用英语讲好中国故事的意义有哪些? 你会选择介绍哪个方面,怎么去介绍?	反思日志、访谈
2021年5月—2021年6月	融入传统文化的课例研修活动:2019年北师大版高中英语必修一第三单元第一课SPRING FESTIVAL	教学实录、反思日志
2021年9月—2021年10月	开展问卷访谈工作,收集并分析数据,来提炼理论框架和完成教学模型的构建	问卷调查、访谈
2021年11月—2022年1月	撰写行动研究总结报告	行动研究报告

5.第二阶段行动方案实施的案例

中学阶段学生文化意识的培养主要依赖于日常的课堂教学。教师要充分研读语篇，确认教学目标，以坚定文化自信为主题引领，遵循英语学习活动观要求设计教学活动，引导学生概括整合显性文化知识，再深入文本探索隐含的文化内涵，通过比较鉴赏文化现象形成自己的观点，最终将文化知识内化成文化意识，再通过比较评价形塑文化品格，坚定文化自信。笔者以2019年北师大版高中英语必修一第三单元第一课SPRING FESTIVAL一文为例，探索高中英语课堂融入传统文化元素提升学生文化自信的有效路径。

学习理解类活动阶段，首先，教师在ACTIVATE AND SHARE活动中播放一段关于春节的微课视频，主要包括春节的背景信息以及20年前人们过春节的情景，学生回答以下问题："What can you think of in terms of the Spring Festival?""What changes can you find in the video clip?""What does the Spring Festival mean to you?"通过观看视频来激活学生对于春节背景信息的已有认知，激发兴趣，引发对春节的"变"与"不变"的关注。其次，开展READ TO LEARN活动，学生先通读全文并提炼概括文章大意；再细读文章，梳理提取关键信息，利用信息结构图重构文本。此活动的目的在于让学生能整体获取文本主核心信息，建构文本整体意义，有效规避碎片式获取信息。另外，学生借助信息组织结构图探索信息间的内在关联，形成新的知识结构。

应用实践类活动中，学生通过INTRODUCE活动的开展，利用前面建构的新的知识结构描述三人的春节体验。接着在READ AND RESPOND活动中，学生回答问题："What does Tom Jenkins think of Spring Festival? And how does he feel about Spring Festival?""What can be inferred from Xu's and Li's accounts?""What does it imply in Chinese culture?"该活动旨在帮助学生挖掘隐性文化信息，分析评价，提升思维能力，构建正确的价值观，形成文化意识。

迁移创新类活动中，笔者设计了THINK AND SHARE活动，学生思考以下问题："What do you think of the three readers' experience of Spring Festival?""Which parts impress you most?""What does Spring Festival mean to you?"学生通过此活动可以批判性理解显性和隐性文化知识，发展批判性思维能力；而思维能力的提升反过来可以促进学生文化意识的培养，让学生在反思中坚定文化自信。最后，学生在 EXPRESS YOURSELF 活动中向外国友人分享自己的春节故事。学生在新的语境中，基于新的知识结构，综合运用语言技能，进行多元思维，讲述文化故事，理性表达观点和态度。

6.第二阶段行动研究的反思

第二阶段的行动研究在高中英语课堂融入传统文化元素以提升学生文化自信的有效路径方面做了积极探索。学生在历经两个阶段的学习和培训后，能够从梳理整合显性和隐性文化知识，逐渐发展为内化文化意识，在批判性思维和创造性思维能力的提升过程中形成牢固的文化自信。

教师的个人专业素养和学识决定了文本研读的广度和深度。真实生活情境的设计决定了活动实施的效度，文化意识大观念和文化意识小观念的准确凝练直接决定了活动设计的科学性和合理性，以及教学目标达成的程度。

坚定文化自信不是一朝一夕能实现的。虽然课堂教学是提升学生文化自信能力的主要方式，但是在课外有意识地开展提升文化自信能力的活动也是不可或缺的，其是对课堂教学的有益补充和拓展。另外，来自社会和家庭的因素也在一定程度上影响着学生文化自信的水平。

五、行动研究的效果

笔者和研究团队成员再次开展了问卷调查，整理了数据，并结合前面两个阶段研究过程中的教学实录、学生访谈、问卷调查等材料，总结出以下行动研究的效果。

（一）学生方面

第一，学生能够系统调用文化知识来开展跨文化交际，能够自觉地去比较判断中西方文化之间的异同，形成个人的观点，能够批判性地鉴别中西方文化现象，尊重他国文化，传承和发展本国优秀传统文化，形成文化意识。

第二，学生通过对传统文化语篇的学习、讨论以及基于特定传统文化主题的项目研究等，不仅形成了积极的文化意识，同时也促进和发展了语言能力、学习能力和思维品质等英语学科核心素养。

第三，学生通过学习与交流来获取文化知识，通过比较与判断、感悟与鉴别来发展文化意识，提高跨文化沟通能力、批判性思维能力，形成文化自觉，确定积极的价值取向和态度，坚定文化自信，讲好中国故事。

（二）教学方面

笔者及所在研究团队成员在课堂教学实践中探索出英语教学融入传统文化，以增强高中生文化自信的教学模型，如图5-2。

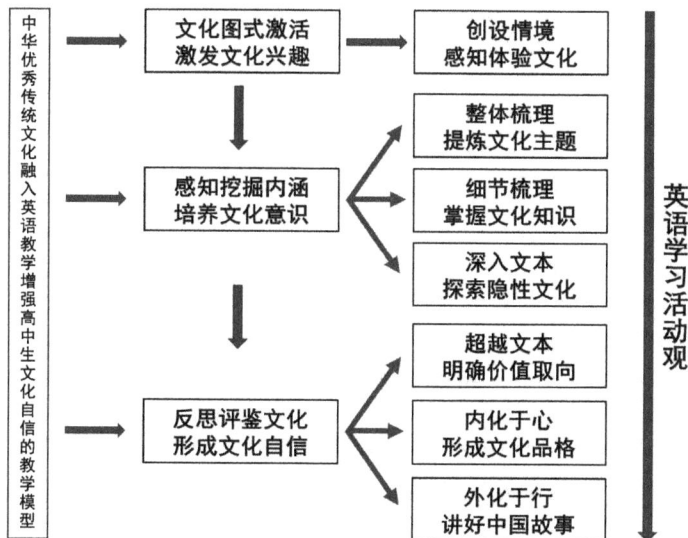

图5-2 中华优秀传统文化融入英语教学模型

该模型显示的是在高中生文化自信提升理论框架的指导下，基于英语学习活动观理念来设计教学活动。此教学模型主要适用于听力课教学和阅读课教学。该教学模型具有宏观和微观指导性，但在教学实践中，教师可根据具体文本特征，在做好充分完备的文本解读后，根据学情和具体教学目标作出调整，设计适切的教学活动，实现教学目标最大化。

六、行动研究的反思

本次行动研究历时两年，经历了两个阶段的行动研究实施、调整和监控，笔者和参与研究的学生都受益颇丰。以下是笔者基于本次行动，从学生和教师两个方面进行的反思。

（一）学生方面

从文化知识的获取到文化意识的形成，再到坚定文化自信，是一个系统工程。首先，学生对传统文化从不太关注到充满兴趣，从碎片式地了解到有意识地按主题意义系统式、整合性地理解，在课内外积极参与文化知识的实践活动，增长了文化知识，形成了文化意识。其次，这次行动研究的展开，有利于帮助学生实现从对传统文化表层式的理解到批判性鉴赏和评价的转变，在多元文化知识实践活动中增强文化自信能力，形成国家认同和家国情怀，又在语言实践活动中讲好中国故事坚定文化自信。

（二）教师方面

本研究能帮助教师转变教学观念，提升教师自身的教育教学理念和文化自信水平。一方面，教师在践行英语学习活动观的教学实践中，能够有意识地把坚定学生文化自信作为教学的重要目标之一。在文本研读、活动设计和实施中融入显性和隐性传统文化元素，助力学生形成文化意识和坚定文化自信。另一方面，教师在与学生共同参与比较与判断、感悟与鉴别、反思与批判传统文化的过程中，可以提高自身的跨文化沟通能力和批判性思维能力，形成文化自觉并坚定文化自信。教师自己只有对中国文化有着坚定自信，才能培育出具有文化自信的学生。所以说，在教育教学中教师要发挥好榜样力量，展现充满文化自信的人格魅力去影响和触动学生。

第六章　阅读教学与阅读测试

一、高考英语阅读试题命题研究

普通高等学校招生全国统一考试（以下简称"高考"）属于常模参照考试，具有大规模、标准化和高利害等特征。随着新课程的深入推进，新高考改革的稳步实施以及新教材的全面使用，2023年高考英语试卷除了少部分省、市自主命题外，全国大多数地区都使用了由教育部教育考试院统一命制的试卷，包括全国甲卷、乙卷，新高考Ⅰ卷、Ⅱ卷四套试卷。集中统一命题有着明显的优势，既能确保坚持正确导向，又能提高命题的质量。教育部教育考试院能够集中优势，规范试题命制流程，科学命制试题，严控阅卷管理，加强命题质量评估，从而能最大限度地确保试题的质量。

目前国内有不少学者专注于高考英语试题的命题方向研究。但针对新高考Ⅰ卷、新高考Ⅱ卷、全国甲卷和全国乙卷四套由教育部教育考试院命题的试卷中阅读真题的研究较少，笔者期望通过对这四套试题阅读的命题质量研究，为今后该题型试题命制提供一些参考，同时也给现行的高中英语教育教学提供一些建议。

（一）试题命题研究框架

笔者以巴奇曼和帕尔默提出的测试任务特征理论为依据[①]，结合《高中英语课程标准》中对于学业质量内涵描述和学业质量水平的要求，选取了语篇输入和预期回答两部分作为本研究的分析框架，如表6-1所示。

表6-1　2023年高考英语全国卷阅读试题分析

测试任务特征	项目	具体描述
语篇输入	语篇类型	记叙文、说明文、议论文、应用文
	语篇题材	人与自我、人与社会、人与自然
	核心价值	社会主义核心价值观、中华优秀传统文化、革命文化和社会主义先进文化
	语篇长度	文章词数、设题词数
	语篇难度	超标词率、易读度
预期回答	关键能力	理解主旨和要义,理解文中具体信息,根据上下文推断单词和短语的含义,做出判断和推理,理解文章的基本结构,理解作者的意图、观点和态度
	思维品质	记忆、理解、应用、分析、评价、创造

分析框架中语篇输入层面包括五个方面：语篇类型包括应用文、记叙文、说明文和议论文四种文体；语篇题材对应《高中英语课程标准》中的人与自我、人与社会和人与自然三大主题范畴及相应主题群；核心价值指明立德树人根本任务，引导学生培育和践行社会主义核心价值观，弘扬中华优秀传统文化、革命文化和社会主义先进文化；语篇长度包括文章词数和设题词数；语篇难度体现在超标词率、易读度等方面。预期回答包括两个方面：一是关键能力，即理解主旨和要义的能力、理解文中具体信息的能力、根据上下文推断单词和短语意思的能力、做出判断和推理的能力、理解文章基本结构的能力以及理解作者意图、观点和态度的能力。二是思维品质，主要指依据布鲁姆教育目标分类的认知维度，

---

① 该理论框架由测试环境、测试说明、语篇输入、预期回答等组成。

即记忆、理解、应用、分析、评价和创造，其中记忆、理解、应用为低级思维，而分析、评价和创造是高级思维。

（二）结果与讨论

下面，笔者以2023年新高考I卷、II卷，全国甲卷和全国乙卷四套试卷为例，分别从语篇输入和预期回答两个角度对阅读命题质量进行详细的分析和讨论。

1.语篇输入

（1）语篇类型。

如表6-2所示，四套试卷阅读部分的语篇类型涵盖了应用文、记叙文、说明文和议论文四种常见文体，其中以说明文居多，共12篇，占60%。但是全国甲卷阅读没有选择记叙文语篇，新高考I卷缺少议论文语篇，新高考II卷阅读没有记叙文和议论文，单套试卷阅读有4篇说明文，在语篇类型上稍显单一。

表6-2　2023年高考英语全国卷阅读语篇类型统计

统计量		语篇类型			
		记叙文	说明文	议论文	应用文
卷别	全国甲卷	0篇	3篇	1篇	1篇
	全国乙卷	1篇	2篇	1篇	1篇
	新高考I卷	1篇	3篇	0篇	1篇
	新高考II卷	0篇	4篇	0篇	1篇
总量（占比）		2篇（10%）	12篇（60%）	2篇（10%）	4篇（20%）

（2）语篇题材。

从表6-3可以看出，四套试卷阅读语篇在人与自我、人与社会和人与自然三大主题范畴方面覆盖全面，题材多元，符合《高中英语课程标准》的学业质量命题选材要求。其中，人与社会主题的社会服务与人际沟通，文学、艺术与体育和历史、社会与文化3个主题群语篇数量占比较大，共 50%；而人与自然主题下的环境保护主题群语篇占了 25%，该语篇主题的语境内容主要聚焦人与环境，人与动植物的互动关系；人与自我主题下的主题群生活与学习和做事与做人语篇也分别占到了 15% 和 10%。四套试卷阅读语篇在科学与技术、自然生态、灾害防范以及宇宙探索等主题群方面均未涉及。

表6-3　高考英语全国卷阅读语篇题材统计

统计量			卷别				总量	占比
			全国甲卷	全国乙卷	新高考Ⅰ卷	新高考Ⅱ卷		
主题和主题群	人与自我	生活与学习	0篇	1篇	1篇	1篇	3篇	15%
		做事与做人	2篇	0篇	0篇	0篇	2篇	10%
	人与社会	社会服务与人际沟通	1篇	0篇	1篇	0篇	2篇	10%
		文学、艺术与体育	1篇	1篇	1篇	2篇	5篇	25%
		历史、社会与文化	0篇	2篇	1篇	0篇	3篇	15%
		科学与技术	0篇	0篇	0篇	0篇	0篇	0
	人与自然	自然生态	0篇	0篇	0篇	0篇	0篇	0
		环境保护	1篇	1篇	1篇	2篇	5篇	25%
		灾害防范	0篇	0篇	0篇	0篇	0篇	0
		宇宙探索	0篇	0篇	0篇	0篇	0篇	0

（3）核心价值。

从表6-4可以看出，2023年高考英语全国卷阅读语篇承载的核心价值聚焦理想信念、品德修养、奋斗精神、责任担当、健康情感、劳动精神和正确的世界观和方法论等方面。承载这些核心价值的语篇能够在测试中起到良好的育人作用，能有效地践行高考立德树人的功能机制。但是，2023年高考英语全国卷缺乏承载爱国主义情怀和法治意识等核心价值的语篇。

表6-4　2023年高考英语全国卷阅读语篇承载的核心价值统计

类别	阅读语篇		核心价值
全国甲卷	第一节	A篇	理想信念:理解和包容不同文化,增强文化自信
		B篇	劳动精神:崇尚劳动,尊重劳动,认同劳动最光荣的观念
		C篇	正确的世界观和方法论:丰富学识,积淀文化底蕴,形成正确的世界观
		D篇	品德修养:理性面对环境问题
	第二节		品德修养:培育个人品德,懂感恩,善待他人
全国乙卷	第一节	A篇	奋斗精神:不懈奋斗,乐观向上,自强不息
		B篇	健康情感:感受美,鉴赏美,创造美
		C篇	理想信念:增强文化自信
		D篇	正确的世界观和方法论:尊重事实,实事求是
	第二节		健康情感:培养健康意识,注重增强体质
新高考I卷	第一节	A篇	责任担当:提升社会责任感,绿色出行,保护环境
		B篇	责任担当:积极承担社会责任,履行义务
		C篇	健康情感:倡导积极健康的生活方式
		D篇	正确的世界观和方法论:相信科学,尊重事实
	第二节		品德修养:培育个人品德
新高II考卷	第一节	A篇	健康情感:亲近自然,热爱生活
		B篇	劳动精神:培育劳动习惯,形成热爱劳动的观念
		C篇	品德修养:爱读书、善求知,培育自尊自爱、自信自强
		D篇	责任担当:关注自然和周围环境,培养保护和改善生态环境的意识
	第二节		健康情感:培养健康向上的审美情趣和良好的审美意识

（4）语篇长度。

从命题角度来看，阅读文章的词数一般应控制在200～500词。图6-

5数据显示，四套试卷阅读语篇总词数基本一致，控制在2000词以内，这对考生的阅读量要求是适宜的；除了全国乙卷C篇295词，其他套试卷的阅读C篇和D篇的文章词数均不少于320词。总的来说，试卷的单篇文章词数和设题词数以及总词数的控制都符合《高中英语课程标准》的命题要求。

表6-5　2023年高考英语全国卷阅读语篇词数统计

统计量		语篇长度									
		第一节								第二节	总词数
		A		B		C		D			
		文章词数	设题词数	文章词数	设题词数	文章词数	设题词数	文章词数	设题词数	文章词数	设题词数	
卷别	全国甲卷	262	87	277	137	332	124	320	149	243	51	1982
	全国乙卷	230	83	312	141	295	103	343	131	270	69	1977
	新高考I卷	209	82	341	134	322	107	339	112	241	82	1969
	新高考II卷	251	84	273	126	328	126	320	156	259	63	1986

（5）语篇难度。

本书对于阅读试题难度的分析是根据*Readability Formulas*网站的易读度公式来核算的。该网站综合了弗莱士指数、甘宁迷雾指数、弗莱士—金凯德年级水平、科尔曼—刘指数和简易官样文章衡量指数等，从考生（读者）的年级水平、阅读水平和年龄三个角度评估了文本的易读度，其中读者年龄指以英语为母语的读者年龄。超标词汇的判断是依据《高中英语课程标准》附录的词汇表，未收录在该表的词属于超标词汇，不含由派生、转化和合成等构词法生成的单词以及概念性词汇或术语。

从图6-6可以看出，全国甲卷的阅读语篇难度把控得比较好，控制在中等难度；全国乙卷前四篇语篇的难度梯度增加，其中 D 篇最难，整体难度把握较好；新高考 I 卷的阅读语篇难度跨度大，A 篇和 B 篇较容易，而 C 篇和 D 篇偏难，综合难度较合理，但是缺少中等难度的语篇；新高考 II 卷 A 篇、C 篇和 D 篇三个语篇较难。就阅读第二节语篇而言，除了全国甲卷是中等难度，其他三套试卷阅读第二节的语篇都是容易或较容易的。总的来看，新高考 I 卷和 II 卷阅读语篇难度要略高于全国甲卷和乙卷，四套试卷阅读试题的总体难度把控合理；除了全国甲卷外，其他三套试卷阅读语篇都有个别难度偏大的情况，这在一定程度上有助于提高试卷的区分度，也能更好地体现出高考选拔人才的功能。

四套试卷的超标词汇基本控制在 2% 以内，平均为 0.6%，笔者发现这些超标词可能在一定程度上给考生增加阅读的难度，试卷中还有不少由构词法生成的单词，也可能会给部分考生带来阅读障碍。

表6-6　2023年高考英语全国卷阅读语篇超标词占比和易读度统计

统计量			易读度	超标词占比
卷别	全国甲卷	第一节 A篇	中等难度	1.10%
		第一节 B篇	较容易	0.70%
		第一节 C篇	中等难度	0.60%
		第一节 D篇	中等难度	0.60%
		第二节	中等难度	0
	全国乙卷	第一节 A篇	中等难度	0.40%
		第一节 B篇	中等难度	0
		第一节 C篇	较难	0.30%
		第一节 D篇	难	1.20%
		第二节	较容易	0.70%
	新高考I卷	第一节 A篇	较容易	1.40%
		第一节 B篇	较容易	0.30%
		第一节 C篇	难	0.90%

统计量			易读度	超标词占比
		D篇	难	1.80%
	第二节		容易	0
新高考Ⅱ卷	第一节	A篇	较难	0.40%
		B篇	中等难度	0.70%
		C篇	较难	0.30%
		D篇	较难	0.30%
	第二节		较容易	0.40%

2.预期回答

（1）关键能力。

为了简化归类统计，笔者把阅读第二节试题的关键能力主要归为理解主旨和要义以及理解文中具体信息两部分。实际上，阅读第二节涉及多种关键能力的综合运用，例如，解决段落中缺失信息的问题离不开对该段落主旨和要义、缺失信息上下文、缺失信息和上下文之间内在语义逻辑关联的理解，以及对文章基本结构理解的立体化支持。

表6-7中数据显示，四套试卷中考查考生理解文中具体信息能力和做出判断和推理能力的题目达到了80%，还有6.25%的题目是考查理解作者的意图、观点和态度，这几个关键能力的培养与实践英语学习活动观的课堂教学密不可分。每套试卷都有1至2题考查考生根据上下文推断单词和短语含义的能力，除了全国乙卷未设置题目考查考生该能力，其他试卷都分别设置了1题。另外，只有全国乙卷阅读C篇的第31题要求考生推测文章续写的主要内容，这需要考生把握文章的主题意义和篇章结构特点，尤其是最后一段的主要内容和文章的发展特点以及文章可能的发展方向，此类题目实际上是对综合关键能力的考查，既要求考生准确把握上文的主旨要义和关键细节信息，又要根据文章整体结构，合理推断出下文的主要内容。

表6-7 2023年高考英语全国卷阅读试题对关键能力考查的统计

统计量		关键能力					
		理解主旨和要义	理解文中具体信息	做出判断和推理	根据上下文推断单词和短语的含义	理解文章的基本结构	理解作者的意图、观点和态度
题卷别	全国甲卷	2题	9题	6题	1题	0题	2题
	全国乙卷	2题	9题	6题	0题	1题	2题
	新高考I卷	1题	12题	5题	1题	0题	1题
	新高考II卷	2题	11题	6题	1题	0题	0题
总计		7题	41题	23题	3题	1题	5题
占比		8.75%	51.25%	28.75%	3.75%	1.25%	6.25%

（2）思维品质。

从高考英语考查的特点来看，对记忆认知维度的考查主要体现在对信息的识别和辨认；理解是新获得的知识与现有的心理图式和认知框架的整合，其认知过程包括解释、举例、分类、总结、推断、比较和说明；应用是指使用程序去完成练习或解决问题；分析认知类别包括区别、组织、归因三个具体认知过程，例如，考生根据材料去理解作者的意图、观点、倾向等都属于归因这一认知过程；评价是基于准则和标准做出判断；创造涉及全新产品的建构。

表6-8中数据表明，四套高考英语全国卷阅读部分共80道试题，对考生思维品质的考查主要聚焦"理解"认知维度，试题数超过一半，单卷除了新高考I卷设置了9道题外，其他均达到或超过本卷试题的半数。笔者发现，四套试卷对于"分析"认知维度的考查也达到了40%，这一认知维度指向高阶思维，可见高阶思维能力的重要性，同时对于"记忆"

认知层面的考查控制在2道试题以内，一定程度上减少了对考生低阶思维能力的考查。另外，全国乙卷阅读C篇的第31题考查内容为文章的续写内容，要求考生在理解文章主题意义和核心内容的基础之上，想象并创造出与原文主题一致、连贯融洽的下文，如果试题是开放性的问答题而不是多项选择题的话，就更能凸显对考生高阶思维能力的考查。鉴于目前高考英语试题阅读题型的特点，对于应用、评价、创造等认知维度的考查还是不够全面，期待试题在题型上做出适当的调整兼顾到对考生思维品质各个层面的考查。

表6-8 2023年高考英语全国卷阅读试题对思维品质考查的统计

统计量		思维品质					
		记忆	理解	应用	分析	评价	创造
卷别	全国甲卷	1题	12题	0题	7题	0题	0题
	全国乙卷	2题	10题	0题	7题	0题	1题
	新高考I卷	2题	9题	0题	9题	0题	0题
	新高考II卷	2题	11题	0题	7题	0题	0题
总计		7题	42题	0题	30题	0题	1题
占比		8.75%	52.50%	0	37.50%	0	1.25%

（三）高考阅读试题命题对阅读教学的启示

高考英语坚持教考衔接，考查学科关键能力。高考英语命题依据中国高考评价体系，严格遵循《高中英语课程标准》规定的考查内容和要求，与高中英语教育教学密切对接，依托情境，深入考查学生的必备知识（语言知识和文化知识）和关键能力。深入研究高考英语试题，发挥其对英语教学的评价导向作用意义重大。2023年高考阅读试题命题给阅读教学带来以下几点启示。

1.阅读教学要重视语篇研读

高考英语试题的考点是命题人员在认真研读语篇的基础上设置的，

研读主要遵循《高中英语课程标准》中列出的 What、Why 和 How 三个视角。语篇研读就是对多模态语篇，包括文字、表格、图片、音频或者视频等进行解码和意义构建，主要涉及对语篇的主题意义、主旨信息、关键信息、写作意图、作者观点、语言特点、语篇结构、作品创作背景、作者写作风格等开展整体性、系统性和多层次性的有意义的探索活动。教学过程中，教师要通过深入研读语篇，确定教学目标，设计指向语篇主题意义的有关联性、实践性和综合性的层层推进的英语学习活动，帮助学生深刻理解语篇内涵意义。更为重要的是，学生要在教师的引导和帮助下，通过参与和体验课堂教学实践活动，获得语篇研读的正确路径，提升语篇研读意识和能力。

2.阅读教学要重视学生语篇意识的培养

阅读教学中，教师要立足语篇主题意义，遵循英语学习活动观的要求，设计指向发展学生英语学科核心素养的英语学习活动。具体来说，在阅读教学中，教师可以通过引导学生关注文章的标题和插图、预测语篇类型、快速阅读等活动来初步梳理文章结构，然后通过基于语篇和深入语篇的学习活动，厘清主题与段落的关系、段落与段落的关系、段落内部主题句和细节信息的关系、段落内部细节信息之间的语义关系等，逐步探索、建构、巩固并内化依托语篇、以主题意义为引领的结构化知识。下面以笔者设计的 2019 年北师大版高中英语必修二第六单元第一课语篇 A MEDICAL PIONEER 教学设计中的部分教学活动为例来展开讨论。

（1）View and Talk

Students look at two pictures and talk about: What do you know about Malaria and Tu Youyou?

What do you know about Malaria and Tu Youyou?

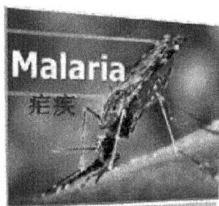

（2）Share Background Information

Students get to know some background information about Malaria and Tu Youyou by reading some numbers and guessing information relating to them.

［设计意图］笔者通过创设情境引出主题,旨在激活学生的背景知识,并提供与主题有关的背景信息,促进学生形成阅读期待;同时,学生能够感知和注意与主题相关的核心词汇。

（3）Identify the Genre and Predict

①Students find out the genre of the text—a news article by looking at the picture on page 52, and talk about the question: What do you usually focus on while reading a news article?

②Students predict what may be talked about in the text based on the title and the picture.

［设计意图］本篇文章是一篇新闻报道。笔者通过引导学生关注文章体裁,旨在一是激活学生关于语篇类型的知识储备;二是让学生初步了解文章结构,再结合文章的标题和插图预测文章的核心信息,形成对文章结构的初步认识。

（4）Read for the Main Idea

Students read and check their predictions,focus on the news and answer the following questions:

①Where and when did the event take place?

②Who was the protagonist（主角）?

③What did the protagonist do there?

③Why was the protagonist there?

[设计意图]根据新闻报道语篇的文体特征设计引导学生理解指向语篇主旨要义的活动。

（5）Read for Details

①Share directions of the activity.

> **Direction:**
> - **You have 10 minutes.**
> - **Work in pairs.**
> - **Read and use a proper flow chart to include the key details of the text.**
> - **Figure out a different title, and give explanations.**
> - **Make a brief summary with the information you get.**
> - **If you need any help, feel free to ask.**

②Present a model flow chart if necessary.

③Invite some students to present and share their flow charts.

[设计意图]学生利用合适的信息结构图来获取、梳理、提取、概括和整合文章核心信息，发现信息间的关联，形成新的知识结构。

（6）Read for Reflection

①Students complete the following table by making inferences about Tu's qualities as a scientist based on the given details (evidence).

②Students add more details and make inferences.

Detail	Tu's qualities
Tu said, "This is not only an honour for myself, but also recognition and encouragement for all scientists in China."	
Then Tu Youyou and her team began using modern research methods to study these Chinese herbs one by one.	
However, after hundreds of failed experiments, they eventually came across a promising chemical.	
...	
...	

[设计意图]引导学生深入阅读，开展分析与判断高阶思维活动，探究屠呦呦身上的优秀品质——科学家精神。

（7）Study How Ideas (Para. 4) are Linked and How the Different Parts of It Fit Together

Students work in pairs and try to explore the logical relationship between ideas in paragraph 4.

Digging in

...
Para.4 (1) <u>This</u> was not an easy task. (2) The reason why this was difficult was that the team had limited resources. (3) They did not have enough staff, and the laboratory in which they worked had poor air quality. (4) <u>However</u>, after hundreds of failed experiments, they eventually came across a promising chemical...

- Indicating ideas mentioned above
- Showing causes and effects
- Giving examples
- Introducing an opposite idea or contrasting ideas

［设计意图］引导学生从语篇微观层面研究文中信息之间（小句之间）的逻辑关联，感知语篇的衔接和连贯，以及服务主题意义信息的展开方式。

语篇意识是语言能力的重要组成部分。学生语篇意识的形成需要教师在阅读教学中有意识地加以培养。在教师的引领下，学生获取、运用、内化和储备语篇知识，在新的情境中准确运用语篇知识以更好地理解语篇内涵，并能够建构语篇，开展有意义的交际。教师要基于阅读教学，设计指向语篇意识培养的学习活动，让学生掌握语篇的组织结构，理解语篇类型和语篇的主题意义，及其之间的内在逻辑关系，学会根据交际需求选用得体的语篇类型和结构来表达意义，增强语篇意识，发展运用语篇知识的能力。

3.阅读教学要着重运用语言处理策略

语言处理是阅读教学中重要组成部分，因为首先要对语言符号进行解码和处理，才能获取信息和理解其中蕴含的深层含义。只有准确和深入的语言解码，才能开展语言运用活动，达到语言的内化，并最终在新的情境中用语言解决新的问题。语言的学习和运用是学生英语学科核心素养形成的重要前提条件之一。语言运用需要两类语言知识：一类是语言本身的知识，也可以称为语言的结构性知识，这类知识由语音知识、词汇知识和语法知识构成；另一类是语言的运用性知识，包含语篇知识和语用知识。①由此可以看出，语言的处理不能简单地等同于语言点的处理；相反，教师在阅读课教学中要紧密依托语境，基于语篇，以主题意义为引领，将语言的教学融入学习理解类活动、应用实践类活动和迁移创新类活动。学生通过感知、注意、概括、整合、描述、阐释、分析、内化和运用等认知活动，学习和运用语言。

语境简单来说就是语言环境，它包括上下文语境、情景语境和社会文化语境。阅读教学中的语境还包括教师根据教学目标所创设的语言学习和实践的情境。下面笔者结合具体案例来探讨阅读教学中基于语境的语言处理策略。

在感知与注意层面的学习活动中，激活聚焦主题的语言储备，感知体会新的语言形式及其表意功能。同时，教师要在黑板上板书重要的语言表达形式。学生在情境中提升了对语言的解码和理解能力，为后续的学习和运用语言奠定了基础。

在获取与梳理和概括与整合层面的学习活动中，教师要引导学生把握语言的功能性，体会语言形式与主题意义的关系。例如，2019年北师大版高中英语必修第一册第一单元第一课 LIFESTYLES 第二个语篇教学设计中的获取与梳理和概括与整合层面的活动，可以设计为建构如下语篇结构化知识图（如图6-1）。

---

① 卢雪峰：《思维融合：指向思维发展的初中英语课堂教学》，北京：中国发展出版社2022年版，第168页。

```
                        ┌──────────────────────┐
                        │  I'm a ... go-getter! │
                        └──────────────────────┘
```

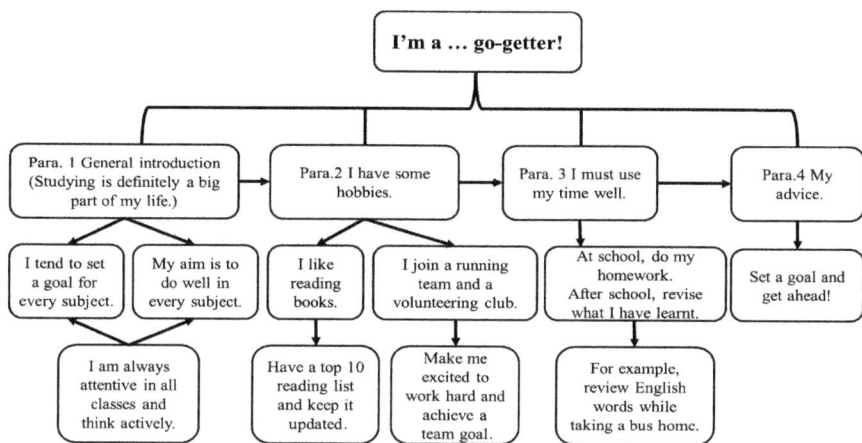

图 6-1 　语篇 LIFESTYLES 结构化知识

该语篇是记叙文，作者以第一人称视角来介绍自己的学习生活。作者用一般现在时来谈论她的学习目标、兴趣爱好、时间管理等方面信息，语言简练、清晰，紧扣主题，如同和读者面对面交流一般。这给学生介绍自己的生活做了很好的示范。

在应用实践类活动中，学生可以利用生成的信息结构图进行描述和阐释等表达活动以巩固新的知识结构。同时学生在表达过程中，进一步强化了对语言的学习和运用，尤其是促进了对语言形式和语篇意义关联的注意和感悟。

在迁移创新类活动中，学生通过批判、评价等认知活动，挖掘语言的批判性和深刻性。例如，2019 年北师大版高中英语必修一第一单元第一课 LIFESTYLES 教学设计中的迁移创新类活动——批判与评价。

Think and Share

①What do you think of Joe's and Li Ying's lifestyles?

②What suggestions would you like to give to them?

学生基于建构并内化的语篇结构性知识，对文中两个人物的生活方式进行批判和评价，并提出自己的建议。这不仅有利于学生发展高阶思维能力，而且加深了对该语篇主题意义的理解。

此外，在迁移创新类活动中，学生还可以通过想象和创造等思维活动，创造性地运用语言。教师可以设计真实交际情境，让学生基于新的知识结构，进行多元思考，创造性地运用语言来解决新情境中的问题，准确、得体地运用语言表达观点、情感和态度。例如，2019年北师大版高中英语必修一第一单元第一课 LIFESTYLES 教学设计中的迁移创新类活动——想象与创造。

Writing

Are you a digital native or a go-getter? Our school English Club is holding a writing contest, whose theme deals with "lifestyles". Please take part in the contest, writing a passage about your lifestyle.

学生基于内化的主题内容、语言形式、语篇结构、语用知识等，创造性地运用语言来谈论自己的生活方式，以及客观评价自己生活方式，培养积极的生活态度。

4.阅读教学要突出对学生思维品质的培养

语言与思维不可分割，语言的学习和使用可以促进思维能力的发展。《高中英语课程标准》把思维品质列为英语学科核心素养四个维度之一。思维品质指思维在逻辑性、批判性、创新性等方面所表现的能力和水平，具体包含以下三个培养维度。

第一，逻辑性思维。逻辑性思维是指语言分析与理解所必需的思维活动，包括分析综合、分类比较、归纳演绎、抽象概括。第二，批判性思维。批判性思维在语言意义的评判中发挥重要作用，包括判断推理、质疑解疑、求同存异、评价预测。第三，创造性思维。创造性思维是语言分析、理解和运用中的产品，包括纵横思维、联想想象、隐喻通感、模仿创生。以上三种不同的思维是自下而上发展形成的互为关联的统合体。

当前，教师越来越重视发展学生的思维品质，在践行英语学习活动观的过程中，尤其是阅读教学中有效促进学生思维品质的发展十分重要。下面笔者从思维品质的三个方面，结合2019年北师大版高中英语必修一第二单元第一课THE UNDERDOG的教学案例，探讨在阅读教学中发展学生思维品质的路径和方法。

该文本属于故事类记叙文，它没有明确的点题（abstract）部分，而是直接进入了指向（orientation）部分，即故事发生的时间、地点、人物和环境等。文章第一部分四段都是指向部分，详细介绍了故事的背景信息，主要是人物介绍，尤其是主角Paul（保罗）的特征，以及教练对他的态度。文章第二部分属于故事的进展（complicating action）部分，包括了故事的发展（rising action）和高潮（climax），讲述了作者突发膝盖受伤不能继续比赛的情况下，极力推荐Paul替补上场。文章的倒数第二段进入故事的尾声（falling action），Paul终于获得了上场机会，在场上表现出色，赢得了观众的掌声和欢呼声。最后一段是故事的结局（resolution）——作者所在的球队逆转赢得了比赛。

（1）在学习理解类和应用实践类活动中培养学生的逻辑性思维。

第一，聚焦语篇体裁结构，培养学生的归纳与概括思维。

教师设计感知与注意层面的活动来激活学生对于故事文本的内容结构和发展特点的知识储备。在获取与梳理和概括与整合层面的活动中，学生通过信息结构图梳理出文章核心信息，厘清文章脉络，抓住文章主线，提升归纳和概括等逻辑思维能力。

［教学片段］

学生根据故事文本的要素特点，梳理出文章的几大核心部分并概括主要信息。学生通过信息构建如下结构图来展现文章的脉络结构。

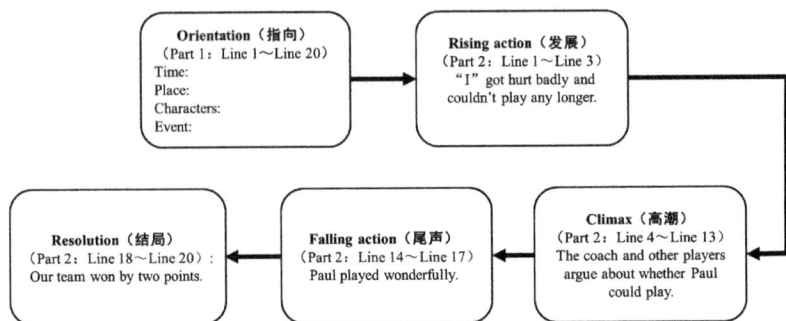

第二，探究文本内涵，发展学生的分析与比较思维。

教师设计分析与判断层面的深入语篇的活动，学生基于文章的事实性信息分析解读深层意义，加深对文章内涵的理解。教师引导学生探索保罗具有哪些品质，他的教练为什么最后称他为"big guy"以及保罗的教练通过这次经历会有什么收获等。

［教学片段］

学生再次阅读文章，回答下面两个问题。

Think and share

What kind of player was Paul? Find evidence from the story to support your view.

Why did the coach call Paul "big guy"? What do you think the coach might have learnt from his experiences with Paul?

（2）在迁移创新类（批判与评价层面）活动中培养学生的批判性思维。

批判性思维是指独立、有目的性地分析、评估和推断事实、观点和论据的能力。在迁移创新类活动的批判与评价层面活动中，教师引导学生针对文章内容或作者的观点进行分析、比较、质疑、辨别和评价，以此达到对主题意义的深入理解，并能合理地表达自己的观点和看法。

［教学片段］

学生进行小组活动,回答下面两个问题。

Voice Your Opinion

Do you agree with Paul's coach who didn't give Paul a chance before that competition? Give your reasons?

If you were Paul's coach, what would you do?

（3）在迁移创新类活动中（想象与创造层面）培养学生的创造性思维。

创造性思维是指以新颖独创的方法解决问题的思维过程，这种思维能突破常规思维的界限，以超常规甚至反常规的方法、视角去思考问题，提出与众不同的解决方案，从而产生新颖的、独到的、有社会意义的思维成果。教师在想象与创造层面的活动设计中，引导学生基于语篇主题意义和内化了的结构化知识，结合生活实际模仿想象，创造性地表达自己的观点。

［教学片段］

学生进行续写活动。

Writing

Please write a paragraph that follows the last paragraph of the second part.

学生在续写时，要恰当地运用想象与创造，可以写作者本人对这次经历的思考和感悟，也可以写在接下来的比赛中保罗作为主力队员，有更多为球队效力的机会，收获了更大的成功等。

思维品质的培养与语言知识和文化知识是融合为一体的，需要教师设计合理的学习实践活动为学生思维品质的训练提供机会。教师要在深入研读语篇的基础上，规划设计好学习活动观的三大类学习活动，多维度、多层次，循序渐进地培养学生的逻辑性思维、批判性思维和创造性思维。

5.阅读教学要融合课程思政

普通高中英语课程具有重要的育人功能，旨在发展学生的语言能力、文化意识、思维品质和学习能力等英语学科核心素养，落实立德树人根本任务。实施普通高中英语课程应以德育为魂、能力为重、基础为先、创新为上，注重在发展学生英语语言运用能力的过程中，帮助他们学习、理解和鉴赏中外优秀文化，培育中国情怀，坚定文化自信，拓展国际视野，增进国际理解，逐步提升跨文化沟通能力、思辨能力、学习能力和创新能力，形成正确的世界观、人生观和价值观。因此，高中英语教育必须全面贯彻国家的教育方针和政策，落实立德树人根本任务，以社会主义核心价值观统领课程建设，将课程思政与育人实践有机融合，培养德智体美劳全面发展的社会主义建设者和接班人。这里讲的课程思政是指在非思政课程中进行思政教育，建立各类课程同向而行的机制，共同促成立德树人目标的实现。教师可以尝试通过以下方式在阅读教学中实施课程思政。

第一，全方位、深层次研读语篇，提炼主题意义，确定含有课程思政元素的教学目标。第二，引导学生参与学习理解类活动，感知课程思政元素。第三，鼓励学生参与应用实践类活动，内化课程思政元素。第四，推动学生参与迁移创新类活动，外化课程思政元素。

笔者认为，课程思政元素从广义上来讲应该包括《中国高考评价体系》提出的核心价值指标，如表6-9所示。核心价值，是指即将进入高等学校的学习者应当具备的良好的政治素质、道德品质和科学思想方法的综合，是在各学科中起着价值引领作用的思想观念体系，是学习者在面对现实的问题情境时应当表现出的正确的情感态度和价值观的综合。核心价值旨在通过学校教育和社会实践等多种途径，将学生培养成为拥护中国共产党领导和社会主义制度、立志为中国特色社会主义奋斗终身的建设者和接班人。

表6-9 核心价值指标体系

一级指标	二级指标	指标内涵
政治立场和思想观念	理想信念	学习领会马克思主义,特别是习近平新时代中国特色社会主义思想。树立共产主义远大理想和中国特色社会主义共同理想,增强中国特色社会主义道路自信、理论自信、制度自信、文化自信,立志肩负起实现中华民族伟大复兴中国梦的时代重任。
	爱国主义情怀	热爱和拥护中国共产党。认同中华人民共和国,认同中华民族,厚植爱国主义情怀,自觉维护民族团结和国家统一,维护国家尊严与利益。认同中华文化,弘扬中华优秀传统文化,继承革命文化,发展社会主义先进文化。
	以人民为中心的思想	理解人民群众是历史的创造者,是决定党和国家前途命运的根本力量。树立为人民服务的思想,立志扎根人民、奉献祖国。
	法治意识	树立宪法法律至上、法律面前人人平等的法治理念。理解全面推进依法治国必须坚持党的领导、人民当家作主、依法治国的有机统一。能够尊法学法守法用法,自觉参加社会主义法治国家、法治社会建设。能够依法行使权利、履行义务,维护公平正义,做中国特色社会主义法治的忠实崇尚者、自觉遵守者、坚定捍卫者。
世界观和方法论	正确的世界观和方法论	坚持辩证唯物主义,坚持无神论,反对唯心主义。一切从实际出发,实事求是,尊重客观规律。相信科学,尊重事实,追求和传播真理。坚持唯物辩证法,反对形而上学,坚持用联系、发展、矛盾的观点观察和分析问题,善于透过现象看本质。坚持理论联系实际,在实践中检验真理、修正错误。坚持历史唯物主义,反对历史虚无主义。能够运用历史唯物主义的观点、方法观察分析社会历史现象,正确认识社会发展规律,顺应改革发展潮流。
道德品德和综合素质	品德修养	培育并践行社会主义核心价值观,有大爱大德大情怀。遵守社会公德和职业道德,崇尚家庭美德,培育个人品德。理性面对当代社会经济、文化、科技、环境等方面的伦理问题与伦理冲突,自尊自信、意志坚强。

续　表

一级指标	二级指标	指标内涵
道德品德和综合素质	奋斗精神	树立高远志向,认同奋斗成就幸福、奋斗者最幸福的观念。历练不懈奋斗的精神,具有勇于奋斗的精神状态、乐观向上的人生态度,做到刚健有为、自强不息。
	责任担当	具有社会责任感,积极承担社会责任、履行义务。具有集体主义精神,以国家利益和集体利益为先。积极维护公共利益,关注并参与人类命运共同体的构建。有序参与社会公共事务,行使人民当家作主的政治权利。
	健康情感	具有健康意识,注重增强体质、健全人格、锤炼意志,珍爱生命,热爱生活。具有高雅的审美情趣和良好的审美意识,在生活中能够感受美、鉴赏美、创造美。
	劳动精神	崇尚劳动、尊重劳动,认同劳动最光荣、劳动最崇高、劳动最伟大、劳动最美丽的观念。坚持以辛勤劳动、诚实劳动、创造性劳动实现自己的人生价值,愿意为国家富强、社会进步和人民幸福而辛勤工作。

下面笔者以2019年北师大版高中英语必修二第六单元第一课 A MEDICAL PIONEER教学设计的部分活动为例来展开简要探讨。

首先,教师经过深入研读语篇后,确立包含课程思政元素的教学目标,即学生在学完本课后,能够确认屠呦呦身上体现的科学家精神,即胸怀祖国、服务人民的爱国精神,勇攀高峰、敢为人先的创新精神,追求真理、严谨治学的求实精神,淡泊名利、潜心研究的奉献精神,集智攻关、团结协作的协同精神,甘为人梯、奖掖后学的育人精神。其次,在学习理解类活动中,学生梳理、概括和整合屠呦呦发现青蒿素的科研之旅,以及她对待名利的态度和对未来医学发展的前景展望等信息,用信息结构图呈现语篇的关键信息,体现信息之间的逻辑关联,初步感知屠呦呦身上体现的科学家精神。再次,在应用实践类活动中,学生通过分析、判断、运用和内化等认知活动进一步内化科学家精神。最后,在迁移创新类活动中,学生通过想象和创造等认知活动来践行科学家精神。

二、阅读测试

（一）阅读和阅读能力

语言学习的听、说、读、看、写五项技能中，阅读在英语教学中占有非常重要的地位。阅读是读者与作者通过文本中介进行间接沟通的一种方式。阅读是主动的行为，读者通过对文本的研读了解作者想要传递的情感、个人观点和对待人和事物的态度，从而丰富了自我的认知，提升了自身的修养，陶冶了情操。阅读又是一个批判性的行为。读者不是被动地接受作者传递的信息，而是会结合自己的认知去评判所读的内容，形成自己看待事物的观点和态度。

学界对阅读的研究甚多，也取得了丰硕的研究成果。就阅读模式而言，通常有三种观点。Gough（高夫）提出了自下而上的阅读模式。该模式对文本信息的处理是从字母特征的识别开始，到单词意义的理解，再到句子的理解，最后到语篇意义的理解。自下而上的阅读模式是单向直线型的，具有自下而上的作用，但其忽视了语篇的宏观组织结构特点，实际上，语篇中各部分之间，各部分与语篇的核心信息之间都存在着多向的交互作用。自下而上的阅读模式提出后不久，Goodman（古德曼）提出了自上而下的阅读模式。他不赞同自下而上阅读模式的低水平层次阅读，认为人们在阅读时，首先要充分激活对所读文章话题已有的认知、经验和语言知识，主动去做出预测判断，然后实现从获取语篇的主旨要义到段落中心意义到句子意义再到理解单词的过程，而且在理解意义的过程中读者会不断地对下一步进行预测和验证。

现在广为接受的是交互式阅读模式。Rumelhart（鲁梅哈特）等认为阅读是对文本自下而上和自上而下加工交互作用的过程。Stanovich（斯坦诺维奇）指出阅读中一个层次的不足可以在另外一个层次得到补偿，高水平层次的阅读可以弥补低水平层次中的不足。

　　《高中英语课程标准》把落实立德树人根本任务和培育学生英语学科核心素养作为普通高中英语课程总目标的重要方面。作为英语教学重要组成部分的阅读教学则是培育学生英语学科核心素养的关键环节。英语阅读能力体现在语言知识、文化意识、思维品质和学习能力等学科核心素养的综合能力。因此，阅读测试的重要性就不言而喻了。

　　阅读测试就是测试考生在具体情境下运用阅读能力的情况。阅读能力是通过考生所掌握的阅读技能体现出来的。Hughes（休斯）列出了14项阅读技能：识别单词和词组，做到音形结合；根据构词法知识与语境线索推断单词意义；理解被明确表达出来的信息，即字面理解；理解句子内部关系，尤其是句子成分、否定、插入语成分；理解文章各部分之间的关系，能够识别词汇手段，例如重复、同义词、对偶结构与语法连接手段，特别是前指和后指关系；理解时间和空间关系，以及事件发生的顺序；理解概念性含义，尤其是数量、确定性与不确定性、比较和等级、方法与工具、起因、结果、目的、原因、条件、增补、对照、让步；预测及期待下文；识别文章主旨和其他重点信息；概括与归纳；理解没有明确表达的信息；跳读与扫读，获取文章大意和细节信息；批判性阅读；根据所阅读的材料和阅读目的采用灵活的阅读方法与策略，决定是精读还是泛读，是否使用词典。

　　在希顿所列的14项阅读技能的基础上，武尊民从阅读测试的角度也提出了14项阅读测试通常考查的技能：通过上下文确定单词或短语的含义；确定代词或其他词语间的指代关系；推断得出结论；识别作者的意图或观点；理解文本中的隐含意义；预测接续内容；推断前节内容；总结或是重述；识别主旨要义；选定合适的标题；识别信息类型并且确定文本的可能出处；概括段落大意；利用文章所给的信息回答问题；通过归纳信息回答问题。

　　这14项阅读测试考查的技能概括得比较全面，基本涵盖了现行课程标准对阅读能力的描述，命题工作人员对此有个全面了解是非常必要的。但是，在具体开展命题工作时，相关人员一定要严格依据《高中英语课程标准》关于阅读能力的考查要求，不能考查不到位，也不能超标考查。

（二）阅读选材

只有选好命题的素材，我们才有可能写出好试题。数字化时代我们获取英语阅读材料的方法更简单，只要登录一个英美国家的网站，我们就可以浏览到原汁原味的英语文章。但是，哪些可以用作测试命题的素材？哪些不可用？作为命题者，我们需要遵循下面几点基本的阅读选材原则。

1.语篇要真实和多样

真实的阅读材料是指考生在实际生活中能够接触到的英语文章，如广告、航班或火车时刻表、产品使用说明书、讲座通知、杂志、报纸以及网站上的新闻报道等。材料的多样是指体裁类型的多样性，整套试卷中阅读材料的体裁可以包括记叙文、说明文、议论文、应用文，也可以有诗歌、散文，甚至是小说的节选等。材料的多样还指材料主题范畴的多样性，要兼顾到人与自我、人与社会和人与自然三大主题范畴。

2.语篇长度和词数要合理

对于初级水平的考生，阅读单篇材料应不超过100词；对于中等水平的考生，词数控制在200到300之间；而对于高级水平的考生，每篇词数控制在400到600之间。目前我国高考的单篇阅读词数为200至400，一般控制在300词以内，近几年全国高考英语单篇也有达到350词的。

3.语篇的难度控制要合理

难度要控制到一个合理区间实际上是比较难的，很多时候是依赖命题者个人的语言能力和经验。控制难度有两个参考。一是词汇范围。所选语篇的词汇应该符合参加该项考试考生的语言水平，但必须符合相应学科课程标准对词汇学习的要求，每篇可以容许不超过2%的超标词汇。二是语法结构。跟上述词汇要求一样，语法结构必须是相应课程标准规定考生应该掌握和能够运用的，不得超课标。

4.语篇内容要有新意和新信息

这一点很重要，直接关系到后面的阅读答题。如果语篇内容都是考生所熟悉的内容，已经成了常识性信息，那么写题就无法操作，写出的题考生无须阅读就能作答。但是，我们不能走极端，为了强调"新"，选择的材料过于专门或者太偏，可能需要专业的知识储备才能理解，这样的材料也不能选用。语篇内容要有新意和新信息是指语篇内容和考生的认知之间有信息差。语篇的主题是考生熟悉的，但是其主要内容却是源自人们经过探索和研究后的新发现和新见解。这种语篇材料是最适合阅读测试的。

（三）阅读出题原则

1.考点必须聚焦重要信息

阅读测试考查的是考生对信息的获取、加工处理和深入理解的能力。考点的设置务必是以信息而且是文章的重要信息为目标。一般来说，确定考点时要考虑三类重要信息——核心信息、关键信息和有关信息。

（1）核心信息——必要考点。

一篇文章一定有它的主旨要义，或中心思想。主旨要义或中心思想就是该文章的核心信息，具有高度概括性的特点。阅读测试首先就要聚焦核心信息，这是必要考点。核心信息主要包括文章或段落大意的概括、文章标题的提炼、作者写作目的以及态度的理解等。

阅读测试的语篇往往由3篇到5篇文章组成，这里讲的必要考点不是说每篇文章都要考这几个方面，而是说根据文章的内在特点和写题实际需要，合理布局到这几篇文章后的题目之中。

（2）关键信息——关键考点。

关键信息是指围绕在核心信息周围的细节信息，起着辅助和支撑作用。关键信息和核心信息密不可分，相辅相成，是阅读测试必须包括的关键考点。

必要考点和关键考点是阅读测试考点的主攻方向。

（3）有关信息——有关考点。

有些起着辅助作用的细节信息不如关键信息那样紧密围绕在核心信息周围，而是处于核心信息的边缘，其作用和地位不强，只能算是有关信息，可以作为有关考点。教师在命题时需要特别慎重，要能识别哪些是有关信息，哪些是无关信息。无关信息是不能作为考点的。

在设置考点和出题时，首先要确定必要考点，其次是关键考点，最后考虑有关考点。

下面以2023年新高考全国Ⅰ卷英语试题阅读D篇为例，看看命题人员是如何设置考点的。

［原题呈现］

On March 7, 1907, the English statistician Francis Galton published a paper which illustrated what has come to be known as the "wisdom of crowds" effect. The experiment of estimation he conducted showed that in some cases, the average of a large number of independent estimates could be quite accurate.

This effect capitalizes on the fact that when people make errors, those errors aren't always the same. Some people will tend to overestimate, and some to underestimate. When enough of these errors are averaged together, they cancel each other out, resulting in a more accurate estimate. If people are similar and tend to make the same errors, then their errors won't cancel each other out. In more technical terms, the wisdom of crowds requires that people's estimates be independent. If for whatever reasons, people's errors become correlated or dependent, the accuracy of the estimate will go down.

But a new study led by Joaquin Navajas offered an interesting twist (转折) on this classic phenomenon. The key finding of the study was that when crowds were further divided into smaller groups that were allowed to have a discussion, the averages from these groups were more accurate than those from an equal number of independent individuals. For instance, the average obtained from the estimates of four discussion groups of five was significantly more accurate than the average obtained from 20 independent individuals.

In a follow-up study with 100 university students, the researchers tried to get a better sense of what the group members actually did in their discussion. Did they tend to go with those most confident about their estimates? Did they follow those least willing to change their minds? This happened some of the time, but it wasn't the dominant response. Most frequently, the groups reported that they "shared arguments and reasoned together." Somehow, these arguments and reasoning resulted in a global reduction in error. Although the studies led by Navajas have limitations and many questions remain the potential implications for group discussion, decision-making are enormous.

①What is paragraph 2 of the text mainly about?

A.The methods of estimation.

B.The underlying logic of the effect.

C.The causes of people's errors.

D.The design of Galton's experiment.

②Navajas' study found that the average accuracy could increase even if ___.

A.the crowds were relatively small

B.there were occasional underestimates

C.individuals did not communicate

D.estimates were not fully independent

③What did the follow-up study focus on?

A.The size of the groups.

B.The dominant members.

C.The discussion process.

D.The individual estimates.

④ What is the author's attitude toward Navajas' studies?

A.Unclear.

B.Dismissive.

C.Doubtful.

D.Approving.

该文章主要介绍了对于群体智慧效应的研究新发现——有时众多独立估算的平均值是相当准确的。文章第一段开门见山介绍了实验研究的新发现，第二段阐释了群体智慧效应的基本原理，第三段介绍了一项新的研究颠覆了人们对群体智慧效应的传统认知，最后一段介绍了后续研究情况——研究人员试图弄明白在实验中受试者到底讨论了什么。

按照考点必须聚焦重要信息的原则，考点的决定必须首先直击核心信息——文章或段落大意的概括、文章标题的提炼、作者写作目的以及态度的理解。其次是关键信息，最后是有关信息。第①题是考查理解文章段落大意，属于核心信息，是必要考点。第②题聚焦新研究发现，是围绕核心信息的关键信息，是关键考点。第③题是指向跟进研究，也是辅助核心信息的关键信息，是关键考点。第④题考查理解作者对该研究的态度，是核心信息，为必要考点。从这四道试题的考点决定可以看出，高考命题者严格遵循了考点必须指向重要信息的基本原则。

下面我们来看看"有关考点"的决定情况。我们以2021年高考英语全国乙卷阅读D篇为例。

[原题呈现]

During an interview for one of my books, my interviewer said something I still think about often. Annoyed by the level of distraction (干扰) in his open office, he said, "That's why I have a membership at the coworking space across the street —so I can focus." His comment struck me as strange. After all, coworking spaces also typically use an open office layout (布局). But I recently came across a study that shows why his approach works.

The researchers examined various levels of noise on participants as they completed tests of creative thinking. They were randomly divided into four groups and exposed to various noise levels in the background, from total silence to 50 decibels (分贝), 70 decibels, and 85 decibels. The differences between most of the groups were statistically insignificant; however, the participants in the 70 decibels group —those exposed to a level of noise similar to background chatter in a coffee shop —significantly outperformed the other groups. Since the effects were small, this may suggest that our creative thinking does not differ that much in response to total silence and 85 decibels of background noise.

But since the results at 70 decibels were significant, the study also suggests that the right level of background noise—not too loud and not total silence—may actually improve one's creative thinking ability. The right level of background noise may interrupt our normal patterns of thinking just enough to allow our imaginations to wander, without making it impossible to focus. This kind of "distracted focus" appears to be the best state for working on creative tasks.

So why do so many of us hate our open offices? The problem may be that, in our offices, we can't stop ourselves from getting drawn into others' conversations while we're trying to focus. Indeed, the researchers found that face-to-face interactions and conversations affect the creative process, and yet a coworking space or a coffee shop provides a certain level of noise while also providing freedom from interruptions.

①Why does the interviewer prefer a coworking space?

A. It helps him concentrate.

B. It blocks out background noise.

C. It has a pleasant atmosphere.

D. It encourages face-to-face interactions.

②Which level of background noise may promote creative thinking ability?

A. Total silence.

B. 50 decibels.

C. 70 decibels.

D. 85 decibels.

③What makes an open office unwelcome to many people?

A. Personal privacy unprotected.

B. Limited working space.

C. Restrictions on group discussion.

D. Constant interruptions.

④What can we infer about the author from the text?

A. He's a news reporter.

B. He's an office manager.

C. He's a professional designer.

D.He's a published writer.

这篇文章主要介绍了一项合作办公环境有益于提升创造性思维能力的研究。第①题指向那位采访者喜欢合作办公空间的原因。我们定位文中第一段可以看出那位采访者的言论让"我"吃惊，为引出文章主题做出铺垫，显然这是关键信息，属于关键考点。第②题题干问的是哪个水平层次的背景噪声有利于提升创造性思维能力。定位文章信息后，我们可知这是该项研究的重要发现，毫无疑问是关键信息，是必须要考查的关键考点。第③题题干问的是什么让大家不喜欢开放型办公室。最后一段通过对比开放型办公室和合作办公空间的不同，凸显了合作办公环境的优点，是对文章核心信息的有益支持与补充，属于关键信息，是必须探索的关键考点。但是，第④题是让考生根据文章的介绍来推断作者的情况。单从题干来看，了解作者的相关信息与对文章内容的理解应该是有一定关联的，但是从选项D "He's a published writer." 来看，考生能够获取该题答案的依据仅仅是文章第一段的第一句话——During an interview for one of my books, my interviewer said something I still think about often，文章其他部分没有任何相关辅助信息。命题者认为这是有关考点，但是仅从该文章和这个考点的决定来看，这是很牵强的，是值得商榷的。实际上，该考点的指向与文章的核心信息和主题偏离太远，可以看作是无关信息，无关信息是不能作为考点的。因此，我们在决定考点时一定要深入研读文本，抓住文章核心信息、关键信息和有关信息。

2.考点必须指向未知信息

这一点跟前面听力测试的考点指向是一致的，即考点必须测试考生对未知信息（即新知）的获取、加工和处理的能力。如果考点的情境具有常识性或是旧知，考生无须阅读文章，根据题干就可以回答，这样的试题是无效度可言的。我们来看看下面的一个题目。

How did Peter's teacher feel when she caught him cheating in the test?

A. Satisfied.

B. Proud.

C. Cautious.

D. Upset.

这道题，考生根本不需要阅读文章，根据常识判断即可答题，老师当堂抓住彼得测试作弊，其正常的反应是很生气，不会是满意、自豪和谨慎等心情。因此，我们在写题时一定要注意考点的指向必须是未知信息。

3.考点必须最大限度覆盖材料

我们在考虑把考点聚焦到重要信息和未知信息的时候，还需要牢记考点内容必须尽可能覆盖到文章的各个部分，不能四个考点中有三个定位文章的某一个段落，而文章中有两个甚至更多段落没有考点的安排，这是不合理的。一般来说，有个别段落没有配置考点是正常的。下面以2024年高考新课标I卷英语阅读理解C篇为例，试分析该文章考点对文章内容的覆盖情况。

Is comprehension the same whether a person reads a text onscreen or on paper? And are listening to and viewing content as effective as reading the written word when covering the same material? The answers to both questions are often "no". The reasons relate to a variety of factors, including reduced concentration, an entertainment mindset (心态) and a tendency to multitask while consuming digital content.

When reading texts of several hundred words or more, learning is generally more successful when it's on paper than onscreen. A large amount of research confirms this finding. The benefits of print reading particularly shine through when experimenters move from posing simple tasks — like identifying the main idea in a reading passage — to ones that require mental abstraction — such as drawing inferences from a text.

The differences between print and digital reading results are partly related to paper's physical properties. With paper, there is a literal laying on of hands, along with the visual geography of distinct pages. People often link their memory of what they've read to how far into the book it was or where it was on the page.

But equally important is the mental aspect. Reading researchers have proposed a theory called "shallowing hypothesis (假说)". According to this theory, people approach digital texts with a mindset suited to social media, which are often not so serious, and devote less mental effort than when they are reading print.

Audio (音频) and video can feel more engaging than text, and so university teachers increasingly turn to these technologies — say, assigning an online talk instead of an article by the same person. However, psychologists have demonstrated that when adults read news stories, they remember more of the content than if they listen to or view identical pieces.

Digital texts, audio and video all have educational roles, especially when providing resources not available in print. However, for maximizing learning where mental focus and reflection are called for, educators shouldn't assume all media are the same, even when they contain identical words.

①What does the underlined phrase "shine through" in paragraph 2 mean?

A Seem unlikely to last.

B. Seem hard to explain.

C. Become ready to use.

D. Become easy to notice.

②What does the shallowing hypothesis assume?

A. Readers treat digital texts lightly.

B. Digital texts are simpler to understand.

C. People select digital texts randomly.

D. Digital texts are suitable for social media.

③Why are audio and video increasingly used by university teachers?

A. They can hold students' attention.

B. They are more convenient to prepare.

C. They help develop advanced skills.

D. They are more informative than text.

④ What does the author imply in the last paragraph?

A. Students should apply multiple learning techniques.

B. Teachers should produce their own teaching material.

C. Print texts cannot be entirely replaced in education.

D. Education outside the classroom cannot be ignored.

　　文章共有六个段落。第①题考点落在第二段，第②题的考点指向第四段，第③题的考点放在第五段，第④题的考点也放在了第六段，但实际上答案指向在该段落的后部分。第一段与第三段没有安排考点。总的来说，这种考点的安排布局是合理的，通常来说聚焦细节信息的考点是一个考点对应一个段落。

4.考点必须涵盖不同认知层次的信息

安德森等指出，人的认知过程分为六个类别，它们是记忆、理解、应用、分析、评价和创造，每个认知维度又可以分成若干认知行为，如图6-2所示。

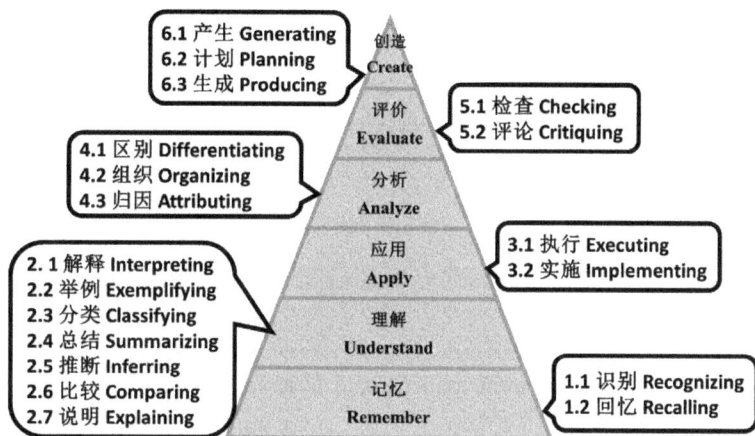

图6-2　认知过程的维度

记忆、理解和应用属于低阶思维能力，而分析、评价和创造属于高阶思维能力。考点涵盖不同认知层次的信息不是说单篇阅读试题中的考点都必须指向完全不同认知层次的信息，而是指一整套阅读试题的考点应该探测尽可能多的认知层次的信息。我们以下面一篇阅读理解题为例，看看不同认知层次的信息是如何考查的。

[原题呈现]

Many conservationists devote careers to saving one endangered species. Barely into his 30s, Rwandan Olivier Nsengimana is well into helping rescue two. Soon after receiving a degree in veterinarian（兽医）medicine in 2010, Nsengimana became a field veterinarian with Gorilla Doctors, a nonprofit providing medical care and rescue to critically endangered mountain gorillas（大猩猩）in Rwanda, Uganda, and the Democratic Republic of the Congo.

But the well-publicized terrible condition of Africa's gorillas and ongoing conservation efforts have overshadowed the sharp decline of the gray crowned crane (鹤). Over the past four decades, its population in the wild has decreased 80 percent to less than 500 in Rwanda. Restricted by shrinking wetlands and widespread hunting, the striking bird is prized as a status symbol to those who own them, while their eggs and feathers are sometimes sought after for their medicinal value.

Nsengimana is working continuously to stop hunting, encourage habitat protection, and convince bird owners to release their birds into the wild. He's employing low-tech efforts, such as educational comic books to create awareness of bird protection while high-tech efforts, including unmanned aircraft, are strengthening field monitoring.

Combined with government support and Nsengimana's efforts on a national media awareness campaign, workshops with local leaders, says Nsengimana. 216 gray crowned cranes in cages have been identified and registered. So far, 98 have been reintroduced into Rwanda's Akagera National Park. Next year, Nsengimana hopes to build a crane reserve to house up to 60 disabled birds that would not be able to survive in the wild.

Saving more species appears to be part of Nsengimana's DNA. "It's hard to think about what might come, but I want to extend conservation efforts to other species because so many are threatened," says Nsengimana. "My aim is also to be a role model for young people, sharing my experience and training people to take action to have impact on conservation and natural resources."

①What do we know about the gray crowned crane?

A. It can represent its owner's social position.

B. It is hunted mainly to cure some diseases.

C. It becomes less popular than Africa's gorillas.

D. It often moves from one wetland to another.

②What is the third paragraph mainly about?

A. The life of cranes in the wild.

B. The classification of technology.

C. Nsengimana's efforts to protect cranes.

D. The education of young people in Rwanda.

③What can be inferred from the data in Paragraph 4?

A. Conservation can make a difference.

B. Awareness campaigns do not work well.

C. The species in the National Park are rich.

D. Birds find it harder to survive in the wild.

④Which of the following words can best describe Nsengimana?

A. Courageous and grateful.

B. Cautious and considerate.

C. Ambitious and independent.

D. Enthusiastic and inspiring.

第①题指向的认知维度是理解，主要是对信息的解释和说明。第②题指向的认知维度是理解，要求考生总结和概括段落信息。第③题指向的认知维度是分析，要求考生能够归因，即确定作者所展示数据的意图。第④题指向的认知维度是评价，要求考生能够评判文中主要人物的特质。针对这篇文章的考点决定和写题，命题者探查了考生三个认知过程维度，分别是理解、分析和评价，这三个维度体现了多层次性、阶梯性思维能力的考查。考点对阅读材料内容的覆盖面广，而且考查了不同认知层次的信息。

第七章　阅读教学设计案例

一、教学案例一

（一）语篇来源

教材：2019年北师大版高中英语选择性必修二。

课题：第五单元第一课 ENLIGHTENING A MIND。

课时：第一课时。

（二）教学设计

文本分析：本单元的单元大观念为认识教育的目标和意义，辩证地看待多元化的教育方式，做勇于质疑，不断探索的终身学习者。"ENLIGHTENING A MIND"这一课的小观念为探究教育对个人发展的意义——启迪心智。本课的语言大观念为围绕语义整合性地学习与教育有关的词汇和表达方式。本课时旨在引导学生认识教育对个人发展的深远影响。

[What] 本课是阅读课，主题语境为"人与自我"，主题群为"生活与学习"。文章讲述了海伦·凯勒在家庭教师安妮·莎莉文女士的帮助下，学习认字的故事。文章首先介绍了海伦·凯勒的困难，如双目失明，

听不见，性格有较多缺陷，需要在别人的帮助下生活。然后，介绍了安妮·莎莉文的优势——能够共情海伦·凯勒，这一点正反映出安妮·莎莉文与其他家庭教师的不同。随后描写了海伦·凯勒学习四个单词的艰难过程，体现了教师对个人成长的重要作用，反映了教育对个人发展的深远影响。

［Why］通过本课的学习，编者希望学生能感受到海伦·凯勒不抛弃、不放弃的顽强精神，感受安妮·莎莉文对教育的无私奉献，体会教育对个人成长和发展的深远影响。

［How］本文是一篇记叙文，全文以时间顺序进行写作。文章运用了描述性语言来介绍海伦·凯勒在安妮·莎莉文帮助下艰难的学习之旅，同时运用引语为故事增添真实性。

本节课分为两个课时，第一课时着重对文本进行分析，引导学生初探主题意义，第二课时将在主题意义的引领下，对文本的语言特征进行分析，进一步深化对主题意义的理解。

学情分析：本课授课对象为高二年级学生。经过 Topic Talk 和 Lesson 2 的学习之后，学生对教育的目的、重要性和影响有了初步认识，单元话题已被激活，为学习教育对个人的影响奠定了基础。学生对于海伦·凯勒的故事较为熟悉，已经积累了一些与教育相关的话题词汇。另外，学生学习过记叙文，所以对该类型文章的语言特征和文体特征有一定的了解。但学生不清楚海伦·凯伦是如何从一个性格负面、生活不能自理的小姑娘，变成一位成功的作家和社会活动家的。对于教育是如何影响个人成长的，学生了解得也还不够透彻。

教学目标：通过本课学习，学生能够：

（1）了解海伦·凯勒和安妮·莎莉文的基本性格特征，能够运用相关表达。

（2）梳理和整合安妮·莎莉文教授海伦·凯勒四个单词的事实信息。

（3）分析安妮·莎莉文对海伦·凯勒产生的影响。

（4）推断海伦·凯勒变化的原因，探究标题的意义。

教学重点：

（1）获取海伦·凯勒和安妮·莎莉文的基本性格特征，能够运用相关表达。

（2）梳理和整合安妮·莎莉文教授海伦·凯勒四个单词的事实信息。

（3）分析安妮·莎莉文对海伦·凯勒产生的影响。

教学难点：

（1）推断海伦·凯勒变化的原因。

（2）探究标题的意义。

教学过程：

教学步骤	教学活动	设计意图	时间与互动模式
Step 1 Activate and Share	Activity 1 Students look at the picture of a book written by Helen Keller and answer the questions： (1)Who wrote this book? (2)What did the writer become in her later life? (3)What made the changes possible?	通过看图和提问，引入话题，激活学生关于海伦·凯勒的背景知识，激发学生的阅读兴趣，并对文本内容进行预测。	3' CW
Step 2 Read and Explore	Activity 2 Students read paragraphs 1−2, and answer these questions： (1)What was Helen Keller like at the age of 7? (2)What made it possible for Sullivan to teach Helen?	引导学生关注语篇文体，并通过阅读前两段，回答问题，初探主人公的性格特征，让学生建立对海伦·凯勒的共情。同时，在语境中学习生词，为进一步阅读扫清障碍。	5' IW

教学步骤	教学活动	设计意图	时间与互动模式
Step 2 Read and Explore	Activity 3 Students read the rest of the story quickly and answer the questions: (1)How many words were taught to Helen? (2)Which words were easier to learn? Which were more difficult? And why?	学生快速浏览全文,找出莎莉文教授的四个单词,并发现它们的不同,实现整体阅读,为后续深度解读文本和主题作好铺垫。	3' IW
	Activity 4 Students read the rest of the story again, and answer the question: How did Anne Sullivan teach Helen?	引导学生以主线问题为抓手,初探莎莉文的教学手法及其特点,使学生把握文章细节。	7' IW
	Activity 5 1.Students discuss with their partners to complete the diagram about how the learning process affected Helen by choosing the given expressions. 2.Students check the answers by answering the following questions: (1)Did Helen really realize she was learning a word when learning "doll"? (2)Why does the editor choose this picture as the illustration? (3)How many attempts did Helen make to understand the word "love"?	引导学生完成课本35页的Exercise 5,关注海伦·凯勒学习过程的变化,并对其进行描述,再探讨两个人物的性格特征。	10' IW PW

教学步骤	教学活动	设计意图	时间与互动模式
Step 3 Think and Share	Activity 6 Students work in groups of 4 and discuss the following question: What made this change possible?	学生通过小组合作的形式，结合文本进行深度思考，说出海伦·凯勒改变的原因。	6' GW
	Activity 7 Teacher guides students to focus on the title and summarize the meaning of it.	引导学生通过讨论的方式，结合所学内容，进一步对主题意义进行探究，深刻认识教育对个人成长和发展的重要作用。	4' GW CW
Step 4 Homework	1.Write a short passage, including: （1）Which part of the story impresses you most? （2）What can you learn from Helen's story? 2. Watch the film *The Miracle Worker* (1962).	夯实所学，内化语言和语篇知识，在新的情境中运用本节课所学知识，为第二课时做准备。学有余力且有条件的学生，可观看电影《奇迹缔造者》的部分内容，加深对本文的理解与回顾。	2' IW

（三）案例说明

本课是一节高二年级的阅读课，课文是一篇故事类记叙文。教师从"W-W-H"视角深入研读了语篇，提炼了文章的主题意义，即学习海伦·凯勒不抛弃、不放弃的顽强精神，深刻体会教育对个人成长和发展的深远影响。通过对学情的分析，教师综合考量，确定了本节课的四个教学目标。总的来说，教学目标定位准确，抓住了本课的关键所在，涵盖了语言能力层面、思维品质层面，也基本体现了英语学习活动观的三大类活动的核心元素；同时，教学目标里也体现了本课的育人目标，这一点是值得提倡的。

在教学过程方面，教师是按照英语学习活动观的要求设计学习活动，而且，活动体现了层次性、关联性和综合性特点。教师通过设计问题链引导学生从基于语篇到深入语篇再到超越语篇逐步梳理文章的关键信息。问题链中的问题体现了思维认知的层次性，从低阶思维到高阶思维呈阶梯式发展，而且聚焦对文章的主题意义探究。该教学设计的另一个亮点是教师设计了相应活动的评价要点，体现了"教—学—评"一体化思想。教师依据评价要点，通过观察、倾听、提问、反馈等活动方式能客观评估学生学习的大体情况，以及个体学生的学习表现，可以根据评估情况，实时微调学习活动，给学生提供必要的指导和支架。另外，教学设计中各个教学活动的实施都凸显了学生的主体地位，教师始终关注学生的学习，给予必要的引导、指导和帮助，为学生学科核心素养的发展助力赋能。

二、教学案例二

（一）语篇来源

教材：2019年北师大版普高中英语选择性必修二。

课题：第五单元第三课 UNDERSTANDING 部分。

课时：第一课时。

（二）语篇研读

语篇分析：本单元的单元主题属于"人与自我"主题范畴下的"教育与生活"，从 Topic Talk 到 Reading Club 的所有语篇均从不同的角度引领学生感知并理解单元主题内涵，从而启发学生了解教育的意义与目标、探究教育的作用与影响并践行教学的方法与途径。

Topic Talk 作为本单元的导读和热身部分，包含 The Significance and Meaning of Education 的介绍以及探讨有效学习方式的两段对话，介绍了教育的意义、内涵及目的，并探讨了有效的学习方式，唤醒学生的教育意识，让学生讨论学习方式，从而激活学生的已知内容，为单元的学习作好铺垫。

主语篇 Lesson 1 Enlightening A Mind 为阅读语篇，文章介绍了海伦·凯勒与她的老师莎莉文之间的教育故事——通过教育，海伦·凯勒从一位固执、爱惹麻烦的听障儿童走上光明之路，其心智得到了启迪。学生从而更好地理解了教育对于个人心智与思想的提升作用。

主语篇 Lesson 2 The Objectives of Education 为听力语篇，第一篇教授介绍了教育的三大目标，包括：to gain knowledge; to prepare individuals for a well-rounded life in society; to establish core values and prepares you for social life.此外，第二篇还通过对话的形式讨论了教师与学生为实现教育目标应该怎么做。

主语篇 Lesson 3 Understanding 为阅读语篇，文章探讨了人类获取知识、实现理解的方法，即 To start with, we need questions. Then, to find answers, we observe the world around us and study the facts. After that, we consider possible answers and test each to find the right ones.此外，文章从宏观的历史角度介绍了人类在探索世界、获取知识的道路上曲折前进的过程。

Writing Workshop 要求学生学习描述图片，重点梳理学习描述图片的结构（Introduction-Description-Analysis）以及表达原因关系的逻辑连接词。学生通过课本所提供的描述图片的内容，养成独立思考、善于分析、辩证看待问题的习惯。

Viewing Workshop 通过视频的形式介绍了蒙台梭利的教育理念，通过对比蒙台梭利教育法与传统教育法，开阔学生的视野、加深学生对教育主题的认知，并帮助学生树立终身学习的理念。

Reading Club 1 From Slates to Tablets 按时间顺序介绍了语言学习从过去到现在再到未来的发展变迁。Reading Club 2 Maria Montessori 进一步介绍了蒙台梭利的成长经历及其教育理念与应用。两篇扩展阅读能帮助学生体会语言学习方式的发展以及蒙氏教育的深远影响。

单元主题确定：各语篇与单元主题之间究竟有什么关联呢？从对各语篇的分析中又能提炼出怎样的单元主题呢？通过对各语篇的分析可以看出 Topic Talk 探讨教育的内涵意义，Lesson 2 谈论教育的基本目标，因此这两个语篇可以归纳为探讨"是什么"，即教育的意义与目标是什么。Lesson 1 通过海伦·凯勒接受教育的故事引导学生思考教育可以启迪心智；Lesson 3 帮助学生认识教育可以帮助人类获取知识、获得理解从而拓展认知边界；Writing Workshop 教会学生观察图片并辩证思考事物本质，因此这三篇可以归结为"为什么"，即具体解释教育的意义与影响。Viewing Workshop 的第二篇拓展阅读介绍了蒙台梭利的教育理念，第一篇拓展阅读介绍了英语语言学习方式的发展，这两篇均是探讨"怎么样"，即教育的方法与路径。

因此本单元主题可以提炼为"探讨教育内涵意义，理解教育目标，践行教育方法"。

单元大观念构建：在明确了单元的主题大观念基础上，进一步探究语言小观念。其中，语言小观念1：多维度描述教育的意义、目标、作用及方式，包含描述教育的意义与目标、理解教育的作用以及阐释教育的方式；语言小观念2：从语篇结构及表达方式上运用"IDAL"模式表达对事物的辩证思考。因此，从单元层面上可以看到主题大观念与语言大观念共同指向单元大观念：学生通过探究教育的意义、目标与方式，理解教育对个人与社会的影响，从而认识自我、丰富自我、完善自我。

1.第一个单元小观念——WHAT

Topic Talk 介绍教育的意义与内涵，即探究原理；随后在 Lesson 2 中学生了解了教育的基本目标，以及教师与学生为了达成目标应该怎么做。从探究教育的原理到理解教育的本质，可以看出本单元第一个单元小观念是：格物致知。属于"是什么—为什么—怎么样"中"是什么"（Perceive）的层次。

2.第二个单元小观念——WHY

第二个层次是"为什么"，即意味着思考探究教育设立这样的意义与目标的深层原因。通过对文本的分析可以看到在 Lesson 1 中通过海伦·凯勒接受教育的故事引导学生思考教育对个人心智启迪的作用。Lesson 3 帮助学生认识教育可以帮助人类获取知识、获得理解从而拓展认知边界。Writing 教会学生观察图片并辩证地思考事物的本质，培养独立思考的能力。因此本单元第二个小观念是：止于至善。属于"是什么—为什么—怎么样"中的"为什么"（Probe）的层次。

3.第三个单元小观念——HOW

在前面学习的基础上，Viewing 与第二篇拓展阅读介绍蒙台梭利的教育理念，第一篇拓展阅读介绍了英语语言学习方式的发展；本单元项目是"为张桂梅写颁奖词"。因此，本单元第三个小观念是：知行合一。属于"是什么—为什么—怎么样"中"怎么样"（Practice）的层次。

4.双重视域下单元大小观念关联图

综上所述，在主题大观念与语言大观念的双重视域下本单元大观念可以提取为：从教育的内涵出发，探究教育的意义与目标，引导学生启迪心智、理解世界、辩证思考，通过在实践中探索相关的语言学习及教育理念，形成对教育的正确认识，从而认识自我、丰富自我、完善自我。

（如图7-1）

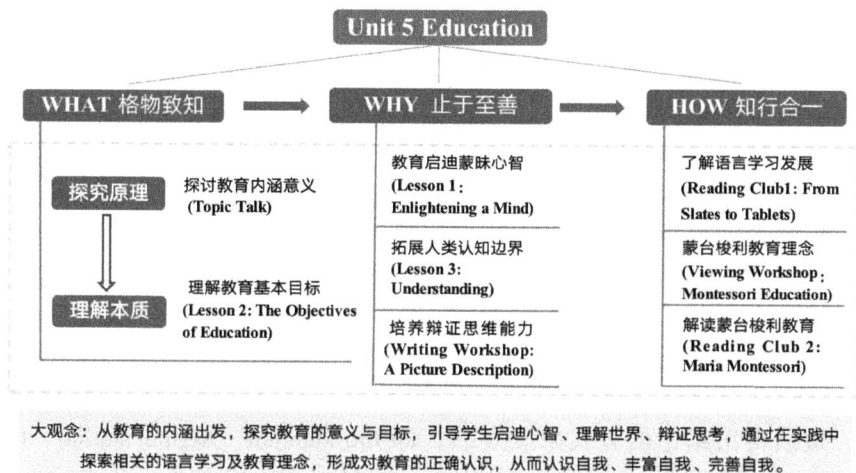

图7-1 Unit 5 Education **单元大小观念关联图**

单元核心素养确定：

（1）语言能力：理解不同语篇中与教育有关的主题词汇及相关表达；正确使用have/get sth. done形式表达意义，理解口语交际中如何表达说服力；通过衔接词理解文章结构，学会描述并分析图片。

（2）学习能力：利用恰当的方式获取整合听力与阅读文本信息，在新旧知识间建立联系；通过自评、互评，监控反思学习过程，调整学习策略；通过自主、合作、探究性学习，反思教育的意义与内涵。

（3）思维品质：获取梳理文本信息，并形成结构化知识，培养逻辑思维；辩证地表达自我观点，发展批判性思维；结合实际生活，践行学习方法，培养分析并解决学习问题的创新性思维。

（4）文化意识：了解英语语言学习的发展，通过理解不同文化背景中的教育方式，学会尊重中外文化差异，并建立终身学习理念，不断完善自我。

（三）教学设计

文本分析：本文介绍了人类获取知识与理解的途径，并描述了培根与伽利略在愚昧无知的大环境中坚持探索求知的故事，从而揭示了知识与理解对人类社会的重要意义。

［What］本文介绍了获取知识并实现理解的方法以及保持科学探究精神的重要性。从对当代科学家、思想家解决问题常规方法的阐述，到介绍 Francis Bacon 与 Galileo Galilei 在科学探索、追求真理的道路上排除困难，以科学的精神、态度和方法探索世界的故事，最后回应主题并得出结论：我们对于世界的认知是不断变化发展的，因此需要突破传统观念、秉持质疑精神去寻求真知、获得理解。

［How］本文是一篇议论文，文章是按照先提出论点，然后进行论证，最后得出结论的方式来发展的，即 Introduction—Argumentation—Conclusion 的文章结构。第一部分阐释科学探索的方法（质疑—探索—检验），第二部分介绍 Francis Bacon 与 Galileo Galilei 科学探索的故事，说明科学探索是勇敢创新的过程，第三部分谈论知识是不断发展变化的，并阐释了获取知识与理解对人类的重要性。此外，作者运用一系列的衔接手段如连接词 however、therefore，代词 it、this 及同义词 acquire、gain 等，使得文章结构更加清晰、逻辑更加紧凑。

［Why］通过对本文的学习，学生能够了解到我们的认知是随着时代的发展而不断变化发展的，体会到科学家们为了人类文明的发展不断付出努力去追求真理的崇高意义，并领悟到只有打破常规思维限制、敢于挑战权威、秉持质疑精神才能够有效获取"知识"并实现"理解"。

学情分析：本课授课对象为高二年级学生，学生们均有自己较为崇拜的科学家，大部分学生对科学家进行科学研究的过程感兴趣，在本课中他们将学习 Francis Bacon 提出的科学研究方法以及 Galileo Galilei 追求真理的故事。在价值观方面，学生已经知道人类获取知识与追求真理的意义重大，本文将进一步深化该认知。在语言表达方面，学生已经知道如何阅读大意及获取细节信息，但对分析文章的连贯手段不太熟悉。

教学目标：通过本课学习，学生能够：

（1）获取并梳理培根的科学实验法与伽利略追求真理的事实信息，并借助思维导图呈现文章结构化知识，从而理解人类的认知在不断地变化发展。

（2）分析文章主要的论证方式，结合信息结构图并运用与文本相关的语言表达总结并复述全文。

（3）整合与内化文章主题，欣赏质疑与探究的科学精神，反思自身应该如何追求真理。

教学过程：

教学目标	教学活动与步骤	核心素养提升点	时间与互动模式
探讨伽利略的相关发现与其科学实验方法，激活相关的背景知识。	Step 1 Activate and Share Activity 1: Experiment and Discuss Students are introduced to the experiment of Constant Acceleration(自由落体) conducted by Galileo they have learned in physics and then enjoy a video about Galileo Galilei. After that, students work in pairs to discuss the following questions. （1）What are the three major discoveries made by Galileo? （2）What was Galileo's new method of doing science?	思维品质： 学生能够梳理与表达伽利略的研究成果与研究方法等基本信息。 文化意识： 学生能感受科学实验方法的魅力，树立科学理想。	4' PW

教学目标	教学活动与步骤	核心素养提升点	时间与互动模式
梳理培根的科学实验法与伽利略追求真理的事实信息，并借助思维导图呈现文章的结构化知识，从而理解人类的认知在不断地变化发展。	Step 2 Read and Explore Activity 2: View and Predict Students look at the title and pictures of the text and predict what will be introduced. Activity 3: Read for Gist Students read the text quickly to check predictions and match the headings. Activity 4: Read for Details Students read the first paragraph to summarize how we acquire knowledge and understanding nowadays. Students read paragraphs 2–3 closely to sort out information and then work in groups to complete the graphic organizer. Students read paragraphs 4–5 closely to find out the answers to the following questions. （1）What can we learn from Bacon and Galilei about our understanding of the world? （2）What contributions did Bacon and Galilei make? （3）Why are knowledge and understanding important things to fight for?	思维品质：学生能分析概括出作者从哪些角度说明认知是不断变化发展的。 语言能力：学生能获取与梳理文章的大意与细节信息，描述与阐释文章的主题意义。 学习能力：学生能在小组活动中积极与他人合作，正确、合理运用所学语言。	1' IW 3' IW 12' GW

教学目标	教学活动与步骤	核心素养提升点	时间与互动模式
分析文章主要的论证方式，结合信息结构图并运用与文本相关的语言表达总结全文并复述。	Step 3 Apply and Practice Activity 5: Illustrate and Analyze Students work in pairs to discuss the argumentative devices used in the text. Activity 6: Summarize and Retell Students retell the whole passage with the help of the Graphic Organizer.	语言能力：学生能分析文章的论证方式，并结合信息结构图总结并复述原文。	3' PW 3' PW
整合与内化文章主题，欣赏并培养质疑与探究的科学精神，反思自身应该如何追求真理。	Step 4 Transfer and Create Activity 7: Reflect and Evaluate Students work in groups to discuss the questions and voice their opinions. (1) If you were Galilei, would you make the sacrifice like him? Why or why not? (2) What can you learn from scientists like Galilei? Activity 8: Imagine and Design The 2023 China Space Conference was held in Hefei this April, the theme of which was "Investigate things to extend knowledge in exploration of the firemament". Suppose you are invited by the Conference Committee to write a letter to Galileo Galilei.	语言能力：学生能将所学知识运用到真实情境中，进行真实交际，解决真实问题。 思维品质：学生能从多角度分析反思自己应如何追求真理，鼓励大家培养科学探究精神。	5' IW 7' GW

（四）案例说明

　　该教学案例中，教师从单元视角深入细致地研读了整个单元的各个语篇，以及彼此之间的关系。提炼了单元的主题大观念和语言大观念。

教师根据 W-W-H 的语篇研读框架对目标课时第三课进行了分析，总体来说，分析是全面和完整的，尤其是对语篇主题意义的提炼准确到位。教学目标的确定基本上采用了学习活动观的活动层面表达，目标定位准确、具体，可操作性强。教学过程中的活动设计遵循英语学习活动的要求，从学习理解类活动到应用实践类活动，再到迁移创新类活动，体现了综合性、关联性，在思维认知层面体现了层次性。教学活动重视训练阅读策略，提升阅读效果；而且阅读主体活动部分采用了自上而下的处理方式，指向关键信息。活动设计中，尤其是最后的迁移创新类活动设计合理科学，是本课的又一大亮点。此外，教学设计中也融入了教—学—评一体化思想，这是很好的尝试。总而言之，这是一篇优秀的教学案例。

三、教学案例三

（一）语篇来源

教材：2019 年北师大版高中英语必修一。

课题：第二单元第三课 RUNNING AND FITNESS。

课时：第一课时。

（二）教学设计

文本分析：SPORTS AND FITNESS 这一单元的单元大观念为：认识运动精神和运动与健康的关系；积极、科学地参与运动促进健康，尊重运动精神。单元小观念分别是：了解运动类别，尊重运动规则；科学运动有利于促进健康；认识运动精神和运动员的品质。

RUNNING AND FITNESS 一课主要服务于"科学运动有利于促进健康"这一小观念，以跑步为例，介绍了运动对于健康的益处，并给出科学运动的建议，属于"人与社会"主题语境下的"体育与健康"。

本节课是 RUNNING AND FITNESS 的第一课时，教学设计基于英语学习活动观，以问题解决为导向，激活学生关于主题的已有认知，引领学生在梳理、整合、运用和内化语篇知识的过程中，逐步探究建构主题意义，并创造性地运用主题意义进行产出，解决实际生活中的问题。

［What］本课主要讲述一个16岁的孩子Jeremy写信表达个人困惑并寻求帮助，医生Martin回信解决Jeremy的疑问并且提出建议。

［Why］本课通过学生实际生活中遇到的与跑步相关的困惑，由网络医生给予解答和建议，帮助学生形成正确的运动观念，使学生意识到正确的运动方式有助于身体健康。

［How］本节课主要关注两个语篇：Jeremy的来信和Dr. Martin的回信，以应用文中的书信形式呈现。一方面，教师要引导学生关注文本的内容；另一方面，教师还要引导学生关注文本的语言和结构特点，使文本内容更具说服力。本文的结构清晰，语言逻辑性强。

学情分析：本节课的授课对象是高一年级的学生，学生对于该话题较为熟悉，在初中阶段，他们已经掌握了部分谈论该话题相关的语言表达；同时，他们也表现出对该话题学习的浓厚兴趣。但是，学生可能对如何科学运动没有很强的观念和正确的认识，他们需要在老师的引导下树立正确的运动观，形成正确的解决问题的态度，找到合适的解决问题的方法，同时关注文本结构，增强建议信的说服力。

教学目标：通过本课学习，学生能够：

（1）获取Jeremy来信和Dr. Martin回信的主要大意。

（2）利用思维导图梳理、概括、整合跑步对于身心健康的益处和科学跑步的建议。

（3）挖掘文本结构，厘清信息内在关联，总结Dr. Martin的回信。

（4）评价Dr. Martin的观点，树立科学的运动观。

（5）根据创设的情境，利用本节课所学知识清晰表达观点，帮助Mike解决困惑。

教学方法：英语学习活动观、交际教学法。

教学资源：多媒体设备、教材、学案、黑板。

教学重点：学生通过对语篇的学习，能够梳理、整合跑步对于身心健康的益处，树立"科学跑步有利于促进身心健康"的观念，并掌握科学的跑步方法。

教学难点：学生能够就跑步能否改善 Jeremy 的健康状况进行批判性思考，并说明理由；同时，根据已创设的情境，利用本节课所学知识清晰表达观点。

教学过程：

教学目标	教学步骤	教学活动	设计意图
Pre-reading			
目标:激发学生的阅读兴趣和好奇心，为后续阅读活动做好准备。	Activity 1 View and Talk	Watch a video and brainstorm some advantages of running.	创设情境,引导学生谈论跑步的益处,激活学生关于主题的已有认知和经验。(学习理解类)
While-reading			
目标1: 获取 Jeremy 来信和 Dr. Martin 回信的主要大意。	Activity 2 Read and Answer	Read Jeremy's message on the website "Ask Dr. Martin" and answer the following questions: (1) What are Jeremy's problems? (2) What is his friend's suggestion? (3) What does Jeremy want to ask Dr. Martin?	引导学生提取有关 Jeremy 健康问题的信息,初步思考跑步与健康之间的关系。(学习理解类)
	Activity 3 Predict	What might Dr. Martin probably mention in his reply?	预测文本内容,形成阅读期待。

教学目标	教学步骤	教学活动	设计意图
目标1: 获取 Jeremy 来信和 Dr. Martin 回信的主要大意。	Activity 4 Read for Gist	1. Read Dr. Martin's response to Jeremy quickly and check the predictions. Answer the questions: (1) What is Dr. Martin's opinion on long-distance running? (2) What is mainly included in Dr. Martin's letter? 2. Read and identify the topic sentence in para. 2, para. 3 and para. 4 respectively.	通过快速阅读,就跑步能否改善 Jeremy 的健康问题,引导学生获取 Dr. Martin 的看法。同时利用阅读策略,引导学生辨别段落主题句。(学习理解类)
目标2: 利用思维导图梳理、概括、整合跑步对于身心健康的益处和科学跑步的建议	Activity 5 Read for Details	1. Read Dr. Martin's letter again and use a mind map to get detailed information about the benefits of long-distance running. 2. Complete the mind map to get more information about Dr. Martin's advice on long-distance running.	通过思维导图,梳理跑步的益处和跑步的建议,引导学生逐步树立"跑步有利于促进身心健康"的观念。(学习理解类)

第七章 阅读教学设计案例

155

教学目标	教学步骤	教学活动	设计意图
目标3： 挖掘文本结构，厘清信息内在关联，总结 Dr. Martin 的回信。	Activity 6 Read and Explore	Read and work out the structure of Dr. Martin's response.	引导学生挖掘本文结构，为读后的语言输出作铺垫。（应用实践类）
	Activity 7 Make a Summary	Make a summary of Dr. Martin's response with the help of the mind map.	利用思维导图，概括总结 Dr. Martin 的回信内容，进一步厘清文章脉络。（应用实践类）
目标4： 评价 Dr. Martin 的观点，树立科学的运动观。	Activity 8 Think and Share	1. Do you agree with Dr. Martin? Give your reasons. 2. Is long-distance running suitable for everyone? Is it appropriate for a runner to run every day?	分析、判断跑步能否有效解决 Jeremy 的健康问题，引导学生内化运用所学知识，深化对于主题意义的理解，同时培养学生的批判性思维。（迁移创新类）
Post-reading			
目标5： 根据创设的情境，利用本节课所学知识清晰表达观点，帮助 Mike 解决困惑。	Activity 9 Express Yourself	Read Mike's letter and suggest a kind of sport to help him.	创设情境，引导学生基于已学信息，运用所学知识帮助 Mike 解决问题，实现知识的深度学习。（迁移创新类）
Homework	Write a letter to Mike to help him solve his problem.		

（三）案例说明

该教学设计最大的亮点就是基于英语学习活动观设计教学活动，活动以主题意义为引领，依托语篇，指导学生建构结构化新知。设计中尤其强调培养学生的语篇意识，整个设计从语篇中来又到语篇中去，学生通过活动掌握语篇知识，又在教师创设的情境中运用语篇知识来表达，发展运用语篇知识的能力。"教—学—评"一体化的理念也在教学设计中得到落实，达到以评促教和以评促学的目的。另一个亮点就是迁移创新类活动中的仿写活动，教师根据目标语篇创设了一个类似的且又贴近学生生活实际的新的情境，让学生根据所掌握和内化的语言知识、文化知识，以及提炼的主题意义和发展的思维品质等来创造一个新的语篇，该活动能有效促进学生的能力向素养的升级转变。

主要参考文献

专著类：

安德森等编著：《布鲁姆教育目标分类学：分类学视野下的学与教及其测评（完整版）》，北京：外语教学与研究出版社，2009年。

程胜：《如何分析学情》，上海：华东师范大学出版社，2014年。

丁往道、吴冰、钟美荪等：《英语写作手册（英文版第三版）》，北京：外语教学与研究出版社，2009年。

黄国文：《语篇分析概要》，长沙：湖南教育出版社，1988年。

刘润清、韩宝成：《语言测试和它的方法》，北京：外语教学与研究出版社，2000年。

辜向东：《高考英语全国卷与各省市自主命题卷共时与历时研究》，成都：四川大学出版社，2008年。

鲁子问：《中学英语教学设计》，上海：华东师范大学出版社，2019年。

梅德明、王蔷：《普通高中英语课程标准（2017年版）解读》，北京：高等教育出版社，2018年。

梅德明、王蔷：《普通高中英语课程标准（2017年版2020年修订）解读》，北京：高等教育出版社，2020年。

孙鸣：《英语学习与教学设计》，上海：上海教育出版社，2004年。

姚本先：《大学生心理健康教育》，合肥：安徽大学出版社，2019年。

叶澜、白益民、王枬：《教师角色与教师发展新探》，北京：教育科学出版社，2001年。

Anderson N J: *Exploring Second Language Reaing: Issues and Strategies*, Beijing: Foreign Language Teaching and Research Press, 2004.

Bachman L F, PalmerA S: *Language Testing in Practice*, Shanghai: Shanghai Foreign Language Education Press, 1999.

Barthes R: *Image-Music-Text*, London: Fontana Press, 1977.

Hoey M P: *On the Surface of Discourse*, London: George Allen & Unwin, 1983.

期刊类：

曹艳琴、姚兆宏：《培养英语专业学生文化自信能力的理论框架研究》，《兰州教育学院学报》，2018年第2期。

陈康：《高考英语启用读后续写题型的效果验证研究》，《中小学外语教学》（中学篇），2019年第21期。

陈科娜：《在文本细读中培养学生的思维品质》，《中小学英语教学与研究》，2021年第3期。

陈祝华、丁成际：《"文化自信"意涵的四个向度》，《武汉理工大学学报》（社会科学版），2019年第2期。

程晓堂、周宇轩：《主题、话题、主题意义概念辨析》，《中小学外语教学》（中学篇），2023年第11期。

高伟新、高旭阳：《2021年高考英语阅读理解试题命题质量研究：以4套高考英语试卷为分析对象》，《教育测量与评价》，2021年第12期。

高晓芳、许文梅：《基于核心素养的初中英语阅读教学导入策略研究》，《中小学外语教学》（中学篇），2019年第8期。

国赫孚：《教学目标设计四步曲：基于核心素养的教学目标设计》，《基础教育课程》，2019年第21期。

郭元祥、彭雪梅：《在中小学教学中渗透文化自信教育》，《教育研究与实验》，2020年第5期。

黄远振、兰春寿、黄睿：《为思而教：英语教育价值取向及实施策略》，《课程·教材·教法》，2014年第4期。

教育部教育考试院：《强化关键能力考查 引导学生全面发展：2023年高考英语全国卷试题评析》，《中国考试》，2023年第7期。

刘庆思、陈康：《关于一年两考高考英语试卷中读后续写设计的研究》，《中小学外语教学》（中学篇），2016年第1期。

李宝荣：《英语学科学情分析的内容与方法》，《中小学外语教学》（中学篇），2016年第6期。

罗祖兵、廖兴利：《英语教育中的文化自信教育及其实现路径》，《中小学外语教学》（中学篇），2023年第5期。

穆晓艳：《挖掘教材文化知识培养学生文化意识》，《中小学外语教学》（中学篇），2022年第8期。

庞玉崑：《常见的"学情分析"错误与解决方法》，《北京教育》（普教版），2012年第3期。

彭莹莹、辜向东、黄娟：《2016年高考英语全国卷及分省命题卷阅读理解试题命题质量研究：基于Bachman和Palmer考试任务特征理论的试卷评析》，《教育测量与评价》，2017年第3期。

钱小芳、李绮华、王蔷：《英语学习活动观中应用实践类活动的设计》，《中小学外语教学》（中学篇），2023年第7期。

邵燕楠、黄燕宁：《学情分析：教学研究的重要生长点》，《中国教育学刊》，2013年第2期。

孙良瑛：《文化自信建构的三重要素》，《潍坊学院学报》，2023年第1期。

王飞涛、江苹：《高中英语课程思政：意义、内涵及实施路径》，《中小学英语教学与研究》，2022年第1期。

王蔷：《促进英语教学方式转变的三个关键词："情境""问题"与"活动"》，《基础教育课程》，2016年第5期。

王蔷：《普通高中英语课程标准（2017年版）六大变化之解析》，《外语教育研究前沿》，2018年第2期。

王蔷、陈则航:《核心素养背景下英语学科能力的测量评价与教学改进》,《中国考试》,2019年第3期。

王蔷、钱小芳、姜莹辉:《践行英语学习活动观:常见问题分析与对策》,《中小学英语教学与研究》,2023年第9期。

王蔷、钱小芳、吴昊:《指向英语学科核心素养的英语学习活动观:内涵、架构、优势、学理基础及实践初效》,《中小学外语教学》(中学篇),2021年第7期。

王蔷、钱小芳、周敏:《英语教学中语篇研读的意义与方法》,《外语教育研究前沿》,2019年第2期。

张德禄:《多模态外语教学的设计与模态调用初探》,《中国外语》,2010年第3期。